Die Wahrheit der Medien

Holger Friedrichs

Die Wahrheit der Medien

Wie wir Orientierung zwischen Vielfalt und Fake finden

 Springer VS

Holger Friedrichs
PB3C GmbH
Berlin, Deutschland

ISBN 978-3-658-40199-3   ISBN 978-3-658-40200-6 (eBook)
https://doi.org/10.1007/978-3-658-40200-6

Die Deutsche Nationalbibliothek verzeichnet diese Publikation in der Deutschen Nationalbibliografie; detaillierte bibliografische Daten sind im Internet über https://portal.dnb.de abrufbar.

Planung/Lektorat: Barbara Emig-Roller
Springer VS ist ein Imprint der eingetragenen Gesellschaft Springer Fachmedien Wiesbaden GmbH und ist ein Teil von Springer Nature.
Die Anschrift der Gesellschaft ist: Abraham-Lincoln-Str. 46, 65189 Wiesbaden, Germany

Anmerkung

Aus Gründen der besseren Lesbarkeit wird bei Personen-
bezeichnungen und personenbezogenen Hauptwörtern in
diesem Buch vorwiegend die männliche Form (generisches
Maskulinum) verwendet. Entsprechende Begriffe gelten im
Sinne des Gleichbehandlungsgrundsatzes ausdrücklich und
grundsätzlich für alle Geschlechter. Die verkürzte Sprach-
form impliziert keinesfalls eine Wertung, Geschlechter-
diskriminierung oder Benachteiligung eines Geschlechts.

Danksagung

Mein Dank richtet sich an den Springer-Verlag für die Veröffentlichung dieses Buches und insbesondere an Barbara Emig-Roller für die freundliche Zusammenarbeit.

Vielen Dank an Katja Welte, die dieses Buch als freie Autorin begleitet hat. Sie haben meine Inhalte und Botschaften perfekt formuliert, sehr gut strukturiert, nachrecherchiert und waren eine tolle Sparringspartnerin.

Mein Dank gilt des Weiteren allen ExpertInnen, JournalistInnen und weiteren GesprächspartnerInnen für viele interessante Diskussionen und Sichtweisen, die in dieses Buch mit eingeflossen sind.

Einleitung

Das Wissen, das wir über die Ereignisse in der Welt haben, gewinnen wir größtenteils über die Medien. Sie sind die Basis für eine demokratische Meinungsbildung. Gleichzeitig ist die Wahrnehmung dessen, was in der Presse veröffentlicht wird, sehr unterschiedlich. Lügenpresse, Fake News, postfaktisches Zeitalter sind Begriffe, die es nicht erst seit gestern gibt, – und doch sind sie in unserer Gesellschaft aktuell präsenter denn je. Journalisten werden kritisiert, bedroht, sogar körperlich angegriffen. Auch die „Langzeitstudie Medienvertrauen" zeigt: Die Glaubhaftigkeit der Medien schwankt aus Sicht der Gesellschaft in den vergangenen Jahren stark.[1] Besonders von den klassischen Medien wird eine neutrale und objektive Berichterstattung erwartet und zunehmend lautstark eingefordert. Doch ist die Aufnahme bloßer Fakten wirklich der Grund, warum sich der Leser eine Zeitung kauft? Und kann Berichterstattung überhaupt objektiv sein?

---

[1] Johannes Gutenberg Universität Mainz, Langzeitstudie Medienvertrauen: Forschungsergebnisse der Welle 2020. https://medienvertrauen.uni-mainz.de/forschungsergebnisse-der-welle-2020-3/

Dieser und alle folgenden Links wurden sofern nicht anders angegeben zuletzt am 16.09.2022 abgerufen.

Narrative und Emotionen machen Gedanken und Sachverhalte zugänglich, unterhalten, berühren, sind plausibel – und mobilisieren. Es ist deshalb kein Wunder und auch kein Zufall, dass Zeitungsartikel narrativ verfasst und mit emotionalen Begriffen gespickt sind. Darüber hinaus liegt es in der Natur der Sache, dass jeder Artikel seinen eigenen Fokus, beziehungsweise eine eigene Botschaft hat, mit der sich Menschen identifizieren können – oder auch nicht. Doch wird ein Inhalt in dem Moment zur Lüge, in dem gewisse Aspekte einer Thematik beleuchtet werden und andere im Schatten bleiben? Ist ein Artikel unwahr, wenn er eine Geschichte erzählt, die emotional berührt?

Obgleich Geschichten so alt sind wie die Menschheit selbst, hat der Begriff des Narrativs erst in den letzten Jahren – gerade vor dem Hintergrund der medialen Berichterstattung – einen regelrechten Diskurs ausgelöst. Dabei stellt sich jedoch die Frage, ob die allseits eingeforderte Objektivität oder „unparteiische Berichterstattung" überhaupt ein geeignetes Kriterium, beziehungsweise ein Maßstab, für Qualitätsjournalismus ist.

Viele Stimmen richten sich aktuell gegen die Medien. In diesem Buch nimmt der Autor nicht nur auf realistische Art und Weise deren Perspektive ein, sondern ergreift Partei für sie. Aus Sicht eines studierten Philosophen und Kommunikationsexperten beleuchtet diese Verteidigungsschrift das Zusammenspiel von Narrativen und Emotionen in den Medien und veranschaulicht es mit vielen Praxisbeispielen. Zuvor erläutert der Autor den Begriff der Wahrheit als Grundlage, um deutlich zu machen, was Qualitätsjournalismus überhaupt leisten kann und was nicht. Damit schafft er eine solide Basis für alle, die sich kritisch und realitätsnah mit den Entwicklungen der Medienlandschaft auseinandersetzen. Eine Annäherung, mit der Sie sich Ihre ganz eigene, fundierte Meinung bilden können.

Inhaltsverzeichnis

Über den Autor

Holger Friedrichs ist Kommunikationsexperte und berät seit mehr als 20 Jahren Unternehmen in der Immobilien- und Finanzwirtschaft.

Er beobachtet seit langer Zeit die Entwicklung und Herausforderungen der klassischen Medien. Mit einem Netzwerk aus Wissenschaftlern, Branchenverbänden, Journalisten und Akteuren aus Politik und Wirtschaft kennt er die Anforderungen unterschiedlichster Anspruchsgruppen.

Sein fundiertes Fachwissen, die langjährige Praxiserfahrung sowie sein Studium der Philosophie schaffen die Basis für eine umfassende Bestandsaufnahme, die unterschiedlichste Disziplinen vereint. Mit einem soziologischen Ansatz über menschliche Motive, die Wahrheit und Sprache sowie Einblicken und Beispielen aus der täglichen Berichterstattung bildet er eine Brücke zwischen Theorie und Praxis, die aufschlussreiche Perspektiven und neue Denkanstöße bereithält.

Holger Friedrichs ist geschäftsführender Gesellschafter der PB3C GmbH in Berlin. Das Unternehmen ist Marktführer in der Immobilien- und Finanzkommunikation und beschäftigt rund 75 Mitarbeiterinnen und Mitarbeiter am Hauptsitz in Berlin sowie in den Metropolen Hamburg, Frankfurt, Düsseldorf und München.

1

Die Macht des Narrativs

Atlanta, 1996. Während der Olympischen Sommerspiele kommen bei einem Bombenanschlag zwei Menschen ums Leben, über 100 werden verletzt. Dass es nicht weit mehr Opfer gab, ist allein einem Mann zu verdanken: Richard Jewell. Der amerikanische Wachmann hatte den verdächtigen Rucksack, in dem sich eine Rohrbombe befand, entdeckt und gemeldet. Hunderte Menschen konnten dadurch noch rechtzeitig in Sicherheit gebracht werden. Für seine Heldentat wurde er in den Medien auf allen Kanälen und Titelseiten gefeiert – zunächst. Denn über Nacht wurde der Held zum Täter und gleichzeitig zum Opfer. Der junge Wachmann war ein „Kauz", adoptiert, übergewichtig, wohnte Mitte 20 noch bei seiner Mutter. All das machte ihn für die Medien plötzlich zum idealen Verdächtigen: ein „fetter, gescheiterter ehemaliger Hilfssheriff, der die meiste Zeit als Schülerlotse gearbeitet hatte und daran gescheitert war, es zu mehr zu bringen".[1] Die Überzahl der Medien teilte und

---

[1] Quelle: Wikipedia, https://de.wikipedia.org/wiki/Richard_Jewell.

H. Friedrichs, *Die Wahrheit der Medien*,
https://doi.org/10.1007/978-3-658-40200-6_1

befeuerte die Geschichte des „einsamen Bombers". Sechs Jahre später wurde der tatsächliche Täter gefasst: Eric Robert Rudolph. Jewell war unschuldig. Doch sein Ruf wurde mit einer gewaltigen Medienberichterstattung in der breiten Öffentlichkeit unwiederbringlich zerstört. Wurde also falsch berichtet? Was hat zu diesem Drama geführt? Im Grunde eine einfache Geschichte … Denn zwischen der anfänglichen Glorifizierung bis zur voreiligen Verurteilung liegt einzig und allein das Narrativ: Das vom einsamen Helden vs. das Narrativ des einsamen Kauzes und Einzelgängers.

1.1 Eine einfache Geschichte … Das Narrativ und seine Wirkung

Haben Sie sich schon einmal gefragt, warum sich die kalabrische Mafia wohl in Deutschland angesiedelt hat? Die Soziologin Zora Hauser erforscht die 'Ndrangheta in Deutschland und beschrieb in einem Interview mit der Frankfurter Allgemeinen Zeitung[2] zwei verbreitete Narrative dazu: Bei Staatsanwälten besonders beliebt sei demnach die Idee, dass die Mafia wie ein internationaler Konzern agiere und nach einer Art Masterplan nach neuen Märkten suche. Zum Beispiel, um einfach und wenig riskant Geld zu waschen. Das zweite Narrativ beschreibt die Ausbreitung der Mafia als Folge der Gastarbeiterbewegung aus Sizilien. Die Mafia sei schlicht den Migranten gefolgt. Beide Geschichten hören sich überzeugend an, oder? Nur leider lässt sich keine davon empirisch belegen. Der wahre Grund ist laut der Soziologin sehr viel simpler: Einzelne Personen oder kleinere Gruppen mussten schlichtweg ihre Heimat

[2] David Klaubert: Mafia in Deutschland „Es gibt unglaublich viele Mythen", faz.net vom 09.04.2021, https://www.faz.net/aktuell/gesellschaft/kriminalitaet/soziologin-die-mafia-und-bekaempfung-organisierter-kriminalitaet-17283598.html.

verlassen, etwa, um für eine gewisse Zeit unterzutauchen. Im Falle des Mafioso Giuseppe Farao, dem „Paten aus Cirò", beispielsweise, nachdem er den Boss eines anderen Mafiaclans getötet hatte. Aus Angst vor Rache flüchtete er nach Nordhessen. Einfach deshalb, weil die Familie seiner Frau dort lebte. Tatsächlich baute er dort einen Clan auf, jedoch nicht auf Basis einer ausgeklügelten Strategie, sondern vorrangig, um sich selbst zu schützen.

Sie sind enttäuscht über diese unspektakuläre Wendung? Das ist nur menschlich. Wir tendieren dazu, uns auf die Versionen zu stützen, die uns am plausibelsten – oder auch am interessantesten – erscheinen. Der Mensch sucht einfache Schlussfolgerungen, plausible Narrative. Teilweise bewusst, größtenteils jedoch unterbewusst, und das Tag für Tag: Als junger Mann wollte ich Fußballprofi werden. Ich war durchaus talentiert, trainierte viel, war erfolgreich. Plötzlich ließ der Erfolg nach. Die Kritik an meinem Spiel wuchs und ich versuchte, die Situation kritisch zu reflektieren: Hatte ich mich zu wenig auf mein Ziel konzentriert? War mir der Erfolg zu Kopf gestiegen? War ich mir meiner Sache zu sicher geworden? Oder hätte ich mehr trainieren sollen, anstatt mit meinen Freunden ins Kino zu gehen? Aufgrund dieser Narrative, die ich für mich gefunden hatte, stellte ich alles andere ab und trainierte noch mehr. Rückblickend waren diese Narrative zwar plausibel, aber falsch. Der Grund war letztendlich ein ganz anderer. Die Erkenntnis daraus: Wir tendieren dazu, uns jene Wahrheit auszusuchen, die uns am plausibelsten scheint. Dabei beschränken sich solche Narrative nicht nur auf die eigenen Gedanken. Bleiben wir beim Beispiel Fußball: Im Fall Mario Götze war es eine ganze Nation. Mit seinem von der ARD Sportschau zum „Tor des Jahrzehnts" gekürten Treffer gegen Argentinien wurde Deutschland 2014 Weltmeister. Mit einer schwindelerregenden Geschwindigkeit kletterte er die Fußballkarriereleiter empor und wurde als „Wunderkind" und „echter Champion" bezeichnet. Doch war der Sieg über Argentinien damals der Höhepunkt seiner jungen Karriere, so war er zweieinhalb Jahre später am Tiefpunkt angelangt. Immer öfter kam es zu scheinbar unerklärlichen Leistungsabfällen. Die Medien sprachen von einer Formkrise, verglichen seine Bewegungen auf dem Platz mit denen eines alten Mannes, spekulierten über Depressionen und ein Bäuchlein unterm Trikot. Götze arbeitete wie ein Besessener an seiner Bestform, weil er der Überzeugung war, er müsse mehr trainieren, mehr machen als die anderen. Später wurden Hinweise bekannt, dass nicht mangelndes Training zu seinem Leistungsabbau geführt hatte, sondern eine Stoffwechselerkrankung.[3]

Das zeigt: Treffen bestimmte Ereignisse oder Situationen ein, die eine Einschätzung erfordern, wird automatisch ein eingängiges und glaubwürdiges Narrativ genutzt: Wenn die Leistung abfällt, dann ist ihm oder ihr sicherlich der Erfolg zu Kopf gestiegen. Hat er oder sie vielleicht zu viel gefeiert? Bei der Prüfung der Situation folgt man seinen eigenen Einstellungen: Findet man Bestätigung, ist die Geschichte richtig, sieht man die Dinge anders, ist die Geschichte falsch. So auch in den Medien.

1.2   Narrative in den Medien

Obgleich der eingangs beschriebene Fall von Jewell ein besonders drastisches Beispiel darstellt, ist er keine Ausnahme. Unterschiedlichste Narrative begegnen uns jeden Tag, in allen Medien. Sei es in Form von verschiedenen Interpretationen zu

---

[3] Lars Wallrodt, Oliver Müller, Julien Wolff: Misstrauen des BVB-Arztes war Mario Götzes Rettung, welt.de vom 05.03.2017, https://www.welt.de/sport/fussball/article162583798/Misstrauen-des-BVB-Arztes-war-Mario-Goetzes-Rettung.html.

ein und derselben Talkshow oder als Artikel über aktuelle Begebenheiten. So diskutierte im Frühjahr 2021 der damalige Kanzlerkandidat Armin Laschet bei Anne Will mit Klimaaktivistin Luisa Neubauer. Das Ergebnis der Talkshow wird tags darauf in den Medien mit unterschiedlichsten Schlagzeilen diskutiert: *„Laschet kann sie alle schaffen"* (FAZ).[4] *„Herr Laschet, warum sind gerade Sie geeignet als Bundeskanzler?"* (Spiegel),[5] *„Wegen Maaßen – Sie legitimieren antisemitische Inhalte",* wirft Neubauer Laschet vor (Welt).[6] Hat Laschet klar Kante gezeigt oder glich sein Auftritt einem Totalausfall? Man könnte den Eindruck gewinnen, die jeweiligen Autoren hätten völlig unterschiedliche Sendungen gesehen. Drei angesehene, seriöse Medien, drei Artikel, die entgegengesetzter nicht sein könnten. Alle drei haben Recht – je nachdem, welche Perspektive Sie einnehmen. Das Narrativ ermöglicht es, ein Thema aus unterschiedlichen Blickwinkeln zu beleuchten. Und das nicht nur in der Politik.

Als Experte der Immobilien- und Finanzkommunikation verfolge ich seit über 20 Jahren die tägliche Berichterstattung. Seit etwas mehr als zehn Jahren lässt sich beobachten, dass Immobilien zunehmend ein wichtiges Thema in den Medien geworden sind. Und auch hier finden zahlreiche Narrative Anwendung, zum Beispiel das Narrativ „David gegen Goliath": Immobilienunternehmen beschweren sich in diesem Zusammenhang häufig über Berichte zu Einzelschicksalen von

---

[4] Michael Radunski: Laschet kann sie alle schaffen, faz.net vom 10.05.2021, https://www.faz.net/aktuell/feuilleton/medien/tv-kritik-zu-anne-will-diskussion-mit-laschet-und-luisa-neubauer-17334349.html.

[5] Arno Frank: „Herr Laschet, warum sind gerade Sie geeignet als Bundeskanzler?", spiegel.de vom 10.05.2021, https://www.spiegel.de/kultur/tv/armin-laschet-bei-anne-will-kann-die-union-noch-kanzleramt-a-e6af56c0-73fb-4e32-8037-b6afccc8cd18.

[6] Christian Düringer: Wegen Maaßen – „Sie legitimieren antisemitische Inhalte", wirft Neubauer Laschet vor, welt.de vom 10.05.2021, https://www.welt.de/politik/deutschland/article231007581/Anne-Will-Sie-legitimieren-antisemitische-Inhalte-wirft-Neubauer-Laschet-vor.html.

Mietern, die möglicherweise davon bedroht sind, ihre Wohnung zu verlieren, zum Beispiel durch Kündigung. So sieht man immer wieder Bilder von verzweifelten Mietern – weil ihr Mietvertrag anscheinend überraschend gekündigt wurde. Der Vermieter habe ihnen plötzlich gekündigt und sie aus der Wohnung verdrängt, vielleicht sogar böswillig. Das ist glaubwürdig. Aber was sind die Fakten? Kündigungsfristen sind gesetzlich vorgeschrieben und betragen seitens des Vermieters mindestens drei Monate, je nach Dauer des Mietverhältnisses sogar weit mehr. Der Mieter hingegen kann sich immer auf eine dreimonatige Kündigungsfrist berufen. Darüber hinaus ist eine Kündigung durch den Vermieter ohne Grund nicht ohne weiteres möglich. Nur bei schweren Verstößen, wie zum Beispiel keinen Mietzahlungen, dem Nichtleisten der vertraglich vereinbarten Mietkaution oder etwa bei nachhaltiger Lärmstörung, haben Vermieter die Möglichkeit zur Kündigung, wobei auch hier gesetzliche Fristen zu beachten sind. Recherchiert man nach, ergibt sich teilweise ein ganz anderes Bild. In einem Fall stellte sich auf Nachfrage bei dem vermietenden Unternehmen zum Beispiel heraus, dass es sich um das Ende einer zweijährigen Vorgeschichte handelte: Die Mieterin hatte nachweislich bereits ein halbes Jahr lang keine Miete mehr gezahlt. Es ist in unserer Gesellschaft glaubwürdig, dass ein Vermieter oder Investor einen Mietvertrag von heute auf morgen kündigt, und dies für die Mieterin völlig überraschend. Vermutlich hat der Vermieter „niedere Beweggründe", wie etwa mehr Profit.

Berichtet die Zeitung darüber, weil es millionenfach passiert, – oder vielleicht, weil man sich als Leser gut damit identifizieren kann? Ist es die Aufgabe des Journalisten zu entscheiden, welche Themen von besonderer gesellschaftlicher Relevanz sind, und sich gegebenenfalls für „den Schwächeren" einzusetzen (Stichwort aktivistischer Journalismus)? Und kann es haltungsfreien Journalismus überhaupt geben?

Mit der Wahl bestimmter Narrative können Journalisten beeinflussen, wie Inhalte beim Leser wahrgenommen werden. Dabei gibt es erzählende Formen wie Reportagen oder Features nicht erst, seit es Medien, sondern seit es Menschen gibt. Doch zu welchem Zeitpunkt sprechen wir von Narration und wann von Storytelling, wann von Lügenpresse und wann von Fake News? Die Grenzen sind fließend, doch die Entstehung dieser Begriffe hat dem Thema Wahrheit im Kontext der Medien eine neue Relevanz verliehen.

1.3   Alles eine Frage der Definition?

Um die Diskussion einordnen zu können, lohnt es sich, zunächst einen Blick auf die Definition und Herkunft dieser Begriffe zu werfen. Jüngst – im Jahr 2020 – wurde das Substantiv „Narrativ" in den Duden aufgenommen. Das Wörterbuch bezeichnet es als „verbindende, sinnstiftende Erzählung" und führt als Beispiel „das Narrativ einer Nation, einer Kultur, einer Gruppierung" an.[7] Dabei wurde der Begriff allein im ersten Halbjahr 2021 über 7000-mal auf der Online-Plattform des Dudens aufgerufen. Das Narrativ – oder zumindest die Frage, worum es geht – ist also in der deutschen Gesellschaft angekommen. Es ist jedoch per se keine neue Erfindung. Während der Begriff im deutschsprachigen Raum zwar lange Zeit höchstens Gegenstand universitären Fachjargons war, ist er im Englischen seit jeher Teil des täglichen Sprachgebrauchs. So hört man selbst in banalen amerikanischen Krimi- oder Anwaltsserien häufig Formulierungen wie: „Diese Aussage würde dem Ganzen ein neues Narrativ geben". Sprich: Es würde

---

[7] Duden.de, https://www.duden.de/rechtschreibung/Narrativ_Erzaehlung_Geschichte.

den gleichen Inhalt anders verpacken, einen neuen „Spin" (zu deutsch: „Weiterdrehe") geben. Ein Grund, warum das deutsche Pendant weniger akzeptiert beziehungsweise mehr aufgeladen ist, könnte in der Übersetzung liegen. Bei den Begriffen „Erzählung" oder „Geschichte" ist die Assoziation der Märchenstunde für viele naheliegend. Diese lässt sich wiederum nur schwer mit dem allseits eingeforderten objektiven Journalismus vereinbaren. Doch es liegt nun einmal in der Natur des Menschen, nach einfachen, plausiblen und kohärenten Erklärungen zu suchen. „Wir erzählen uns Geschichten, um zu leben. Wir interpretieren, was wir sehen und suchen uns die Praktikabelste der verschiedenen Lösungen aus. Wir leben voll und ganz darin, dass wir eine narrative Linie über verstreute Bilder legen"[8], schreibt die amerikanische Autorin Joan Didion. Genau dieses Bestreben bedient das Narrativ: Es gibt Orientierung.

Die Narration ist eine Form der Sprachverwendung, die relativ früh in der Menschheitsgeschichte als alltagssprachliche Gebrauchsform entstand. In erster Linie im Sinne der Sprechhandlung. Ich habe eine Intention oder einen Wunsch und äußere diesen, etwa: „Ich möchte dich heiraten". So besagt die Social-Gossip-Hypothese,[9] dass Sprache entstanden ist, um soziale Bindungen zu schaffen und zu kontrollieren. Das beinhaltet auch, über bereits zurückliegende bzw. in Abwesenheit stattgefundene Ereignisse berichten zu können. Dies war vermutlich schon in den Jäger- und Sammlerzeiten hilfreich, denn bei der Großwildjagd mussten sich alle Jagdteilnehmer präzise verständigen,

---

[8] Sieglinde Geisel: Fluch und Segen des Narrativs, deutschlandfunkkultur.de vom 07.02.2022. https://www.deutschlandfunkkultur.de/die-wirklichkeit-erfinden-fluch-und-segen-des-narrativs.976.de.html?dram:article_id=498077.

[9] Dunbar, Robin. (1996). Grooming, gossip, and the evolution of language. Cambridge, MA: Harvard UP.

wobei sich Sprache als am effizientesten herausstellte. Der maßgebliche Vorteil von uns Menschen gegenüber den Tieren ist, dass wir das, was wir erlernen, sprachlich an die nächste Generation weitergeben können. Wenn ein Schimpanse beispielsweise lernt, dass er mit einem Stück Holz andere Tiere erschlagen kann, wird er wahrscheinlich dennoch nicht in der Lage sein, dies seinem Sohn oder seiner Tochter zu erklären. Und wenn er stirbt, ist das Wissen weg, weil er es nicht dokumentieren kann. Sie hingegen können mit Ihrem Sohn durch die Wüste reiten und sagen: „Alles was du hier siehst, wird irgendwann einmal dir gehören und jetzt erkläre ich dir, wie man ein Pferd zureitet". Sprache ist das effektivste Mittel, um Wissen weiterzugeben. Etwas in Form einer Geschichte zu verpacken, hat sich dabei als sehr erfolgreich erwiesen und ist es bis heute. In den Hochkulturen wurden die narrativen Gebrauchsformen dann zu Kunstformen stilisiert, wie etwa die griechische Tragödie oder Beschwörungsrituale, Zaubersprüche und Heldenlieder in germanischen und keltischen Kulturen.[10] Die Einführung der Schriftsprache vor gut dreitausend Jahren war hierbei ein bedeutender Schritt, denn sie machte den Sprecher entbehrlich und explizites Wissen einem breiteren Publikum zugänglich.

So entstanden im Laufe der Zeit viele starke Narrative, derer sich auch die Medien bis heute bedienen. Wir denken tagtäglich in diesen Narrativen, ob Täter-Opfer, Heldengeschichten oder David gegen Goliath. Viele davon nutzen wir seit Jahrtausenden, und täglich werden neue entwickelt. Schon der in den 1960er-Jahren entstandene „New Journalism" verpackte politische Berichterstattung als Geschichten, lange bevor der Begriff „Storytelling" zum Schlagwort

---

[10] Früh, Werner; Frey, Felix (2014): Narration und Storytelling: Theorie und empirische Befunde, Herbert von Halem Verlag, Köln, Seite 65.

wurde. Ungefähr zur gleichen Zeit entstand das Feld der Erzählforschung („Narratologie"), welche die Logik, Prinzipien und Praktiken narrativer Darstellungen zum Gegenstand hat. Dennoch hat sie bis heute nicht zu übereinstimmenden Ergebnissen gefunden: Eine klare Definition dessen, was im Duden steht, gibt es noch nicht. Von der Biosoziologie, Anthropologie über Literatur, Philosophie und Politik bis hin zum Rechtswesen fanden und finden Narrative in unterschiedlichsten Feldern Anwendung. Seinem Wortursprung nach – lateinisch: „narrare" = erzählen – hat das Narrativ in erster Linie den Zweck, Wahrheit mit einer Geschichte zu erzählen. Das Digitale Wörterbuch der deutschen Sprache definiert das Narrativ als „vorgefundenen oder konstruierten sinnstiftenden Zusammenhang zwischen einer Folge von Ereignissen oder Sachverhalten (meist mit einem bestimmten Ziel verbreitet, wie der Integration einer Gruppe, der Legitimation eines bestimmten Verhaltens, der Schaffung eines bestimmten Selbstbildes o. Ä.)."[11]

Im Laufe der Zeit entstanden zahlreiche weitere Begriffe wie Storytelling, Infotainment oder Spin und genauso viele Versuche, diese voneinander zu unterscheiden. Dabei wird Storytelling als die Aufarbeitung von Inhalten anhand der Erfolgskriterien einer guten Geschichte verstanden und ist demnach eine „Erzählmethode, mit der explizites, aber vor allem implizites Wissen in Form von Leitmotiven, Symbolen, Metaphern oder anderen Mitteln der Rhetorik weitergegeben wird."[12] Der Begriff wurde besonders um die Jahrtausendwende in der Marketingkommunikation gehypt. Sie finden aber sicherlich auch heute noch PR-Agenturen, die auf ihrer Website Storytelling verkaufen. Es gibt etliche Versuche und Interpretationen aus der Psychologie, Neuro-

---

[11] DWDS: Digitales Wörterbuch der deutschen Sprache, https://www.dwds.de/wb/Narrativ.

[12] Wikipedia.de: Storytelling, https://de.wikipedia.org/wiki/Storytelling_(Methode).

oder Sozialwissenschaft mit dem Ergebnis, dass eine klare Abgrenzung zwischen Storytelling und Narrativ nicht möglich ist. Einen Ansatz liefern Werner Früh und Felix Frey in ihrem Buch „Narration und Storytelling: Theorie und empirische Befunde" aus dem Jahr 2009. Zu jener Zeit waren Infotainment und Storytelling bestimmende Begriffe und auch damals gab es schon entsprechende Kritik an den Medien. Gegenstand ihrer Analyse waren Fachartikel, die zu den Begriffen ‚Erzählen', ‚Erzählung', ‚Geschichte', ‚story', ‚narrative', ‚narration', ‚Narration' und ‚Storytelling' zwischen 1997 und 2006 in deutsch-und englischsprachigen wissenschaftlichen Zeitschriften sämtlicher Disziplinen veröffentlicht wurden. Im Ergebnis zeigte sich, dass beispielsweise der oft zitierte „narrative turn" in den Geistes- und Sozialwissenschaften bereits vor Beginn des Untersuchungszeitraumes oder in anderen Publikationsformen und Kontexten vollzogen wurde. Andere Datensätze boten Anhaltspunkte dafür, dass die kommunikationswissenschaftlich getragene Untersuchung von Wirkungen narrativer Kommunikation ab der zweiten Hälfte der 2000er-Jahre deutlich an Konjunktur aufgenommen hat. Das heißt, aus wissenschaftlicher Sicht beschäftigt man sich seit etwa zwei oder drei Jahrzehnten intensiv mit dem Phänomen. Dabei wird Narration in ihrer artifiziellen Variante verstanden als Kunstform für fiktionale Genres, die formal und inhaltlich nicht unbedingt mit Nachrichtenformaten kompatibel sein muss. Storytelling soll sogar Sachverhalte in der Darstellung zu einer Geschichte verändern oder gar Narrationsmerkmale simulieren oder vortäuschen.[13]

Befinden wir uns also tatsächlich in einem „postfaktischen Zeitalter", in dem Fakten zugunsten einer „guten

---

[13] Früh, Werner; Frey, Felix (2014): Narration und Storytelling: Theorie und empirische Befunde, Herbert von Halem Verlag, Köln.

Story" immer mehr in den Hintergrund rücken? Fakt ist zumindest, dass das Wort „postfaktisch" 2016 von der Gesellschaft für deutsche Sprache e. V.[14] und vom „Oxford Dictionaries"[15] Verlag zum (internationalen) Wort des Jahres gewählt wurde. Dabei gilt „postfaktisch" als angemessene deutsche Übersetzung des englischen Begriffs „post-truth", der im angelsächsischen Sprachraum schon länger kursiert. Bereits im Jahr 2004 veröffentlichte der amerikanische Autor Ralph Keyes das Buch „The Post-Truth Era". Im deutschsprachigen Raum etablierte unter anderem der Physiker und Philosoph Eduard Kaeser den Begriff in der öffentlichen Debatte. So schrieb er im Sommer 2016 in der „Neuen Zürcher Zeitung", dass im „postfaktischen Zeitalter" an die Stelle des Faktums das Faktoid trete: „die Bewirtschaftung von Launen."[16] Doch mit diesem Begriff wird auch suggeriert, dass es zuvor ein „Truth-Zeitalter" gab. Und genau das ist Quatsch. Neben vielen anderen solcher Begriffe drückt auch die Bezeichnung des postfaktischen Zeitalters vor allem eins aus: den Frust darüber, dass die Welt nun einmal nicht so einfach ist, wie manche sie sich wünschen. Tatsächlich sind die Grenzen zwischen guten Storys und solchen, die an den Haaren herbeigezogen sind, fließend, weil sie nicht auf den ersten Blick unterschieden und „enttarnt" werden können. Denken Sie an das Beispiel der Mafia: Beide Narrative waren logisch und glaubwürdig – aber eben falsch.

---

[14] Gesellschaft für deutsche Sprache e. V., gfds.de vom 09.12.2016, https://gfds.de/wort-des-jahres-2016.

[15] 'Post-truth' named word of the year by Oxford Dictionaries, theguardian.com vom 15.06.2016, https://www.theguardian.com/books/2016/nov/15/post-truth-named-word-of-the-year-by-oxford-dictionaries.

[16] Eduard Kaeser: Das postfaktische Zeitalter, nzz.ch vom 22.08.2016, https://www.nzz.ch/meinung/kommentare/googeln-statt-wissen-das-postfaktische-zeitalter-ld.111900?reduced=true.

Ebenso maßgeblich zur Diskussion beigetragen hat der Begriff der „alternativen Fakten", der erstmals bei der Amtseinführung Donald Trumps im Jahr 2017 fiel. Auslöser war eine Aussage von Sean Spicer, Trumps damaligem Pressesprecher, zur Anzahl der Besucher bei besagter Amtseinführung. Er sprach vom größten Publikum aller Zeiten in Washington. Mediale Beiträge, Luftaufnahmen sowie Statistiken, etwa über den Verkauf der U-Bahntickets an diesem Tag, zeichneten jedoch ein anderes Bild. Nämlich dass das Publikum bei der Amtseinführung Obamas im Jahr 2009 größer war. Die Empörung in der Öffentlichkeit über diese offensichtliche Lüge führte dann zu dem Satz, der weltweit in die Schlagzeilen geriet. In einem Interview in der Sendung *Meet the Press* am 22. Januar 2017 nahm die Beraterin des amerikanischen Präsidenten Donald Trump, Kellyanne Conway, Stellung zur Falschaussage Spicers. Auf den Vorwurf, der Präsident habe den Pressesprecher des Weißen Hauses dazu veranlasst, „eine Unwahrheit" zu sagen („to utter a falsehood"), und damit die Glaubwürdigkeit des Weißen Hauses untergraben, antwortete sie übersetzt: „Sean Spicer hat dazu alternative Fakten dargestellt."[17] Mittlerweile ist Conway nicht mehr in Amt, doch die Wirkung ihrer Wortschöpfung ist geblieben.

Der neuere Begriff, der „Fake News" ist ein sehr starker Begriff, weil er klar indiziert: Das ist falsch. Eine gute und klare Aussage. Der Begriff der Fake News ist sehr viel deutlicher als beispielsweise Infotainment oder Storytelling. Diese Begriffe wurden zu Beginn des Jahrtausends abwertend im Kontext von Journalismus genutzt. Es gab die Debatte, dass Journalisten doch bitte besser bei den Fakten und der Wahrheit bleiben und weniger auf Storytelling oder Infotainment setzen sollten, sodass die eigentliche Wahrheit

---

[17] NBC News: Meet the Press vom 22.01.2017, https://www.nbcnews.com/meet-the-press/video/conway-press-secretary-gave-alternative-facts-860142147643.

dadurch nicht verfälscht würde. Dahinter stand die Frage: Wieviel Storytelling verträgt die Wahrheit, der wahre Kern? Als ob man, wie auf einem Rechenschieber, den Grad des Storytellings und der Wahrheit einstellen könnte. Als ob Journalisten die Wahrheit kennen und sie nur hübsch verpacken würden – was sie aber nicht müssten. Das ist natürlich Unsinn. Narrative vermitteln eine Botschaft, haben einen Wahrheitsanspruch. Die Aussagen von Narrativen können richtig oder falsch sein. Falsche Narrative sind Fake News. Zu viel oder zu wenig Narration ist nicht möglich. Narrative und Fake News sind deshalb die besseren Begriffe bei einer Diskussion zum Thema Qualitätsjournalismus als Begriffe wie Storytelling oder Infotainment.

Trumps Narrativ beispielsweise, dass die Wahlen in den USA gefälscht wurden, um ihn aus dem Amt zu treiben, ist ein gutes Beispiel für Fake News. Es gibt keine empirischen Daten, die dies belegen. Jedes Gericht wies Klagen von Trump ab. Selbst Leute aus der eigenen Partei widersprachen dem und jeder Journalist konnte einfach recherchieren und erkennen, dass es belegbar falsch war. Obama ist auch kein Afrikaner. Und Steve Jobs kandidierte nicht als Präsident. Diese Geschichten sind absurd und falsch. Während die Geschichte, dass ein Mafia-Mitglied flüchten musste und in Frankfurt bei seinem Cousin unterkam und dann in Deutschland ein Business gestartet hat, nicht absurd ist, sondern richtig. Man kann die Geschichte sicherlich anders schreiben oder pointieren, aber sie ist inhaltlich korrekt.

Das bringt uns zurück zum Fall Jewell: Auch im Beispiel des „gefallenen Helden" beteuerte CNN weiterhin, fair und angemessen berichtet zu haben. Wohlbemerkt sogar, obwohl man sich auf die Zahlung einer ungenannten Entschädigungssumme einigte. Für die Medien waren die Schilderungen logisch und glaubhaft. So auch für einen Großteil der Leser. Und tatsächlich könnte man sagen: Nichts davon war gelogen, es war eben nur eine andere Geschichte.

Ob Platons Höhlengleichnis, die Demokriteische Hinter-welt oder biblische Erzählungen: Wir sind getrieben von starken Narrativen, die immer wieder neu eingekleidet wer-den. Die hilflose Kassiererin gegen den mächtigen Konzern, der arme Mieter gegen den habgierigen Vermieter – ein klassisches Opfer-Narrativ oder auch David gegen Goliath, sobald ersterer sich rechtlich wehrt und gewinnt. Wurde die Kassiererin wirklich wegen 5 €, die sie aus der Kasse ent-nahm, entlassen? Wurde der Mieter tatsächlich ohne Vor-warnung auf die Straße gesetzt? Man entscheidet sich für das Narrativ, das glaubwürdig und eingelernt ist, auch wenn es nicht immer die ganze Story wiedergibt. Natürlich schreibt der Journalist tendenziell aus Sicht des „Opfers". Ein gutes Narrativ hilft schlichtweg dabei, bestimmte In-halte zu vermitteln oder zu verdeutlichen. Wir wollen Ge-schichten zu Ende denken und zu einem schlüssigen Ergeb-nis kommen. Wir möchten wissen, warum Dinge passieren, und suchen nach Antworten. Wenn wir diese in Form einer runden Geschichte gefunden haben, stimmt uns das zufrie-den. Wir sind dafür empfänglich. Das gilt für die Medien, reicht aber weit darüber hinaus. Denn Narrative sind nicht auf Sprache beschränkt. Ein anschauliches Beispiel für ein starkes Narrativ ist beispielsweise das Holocaust Mahnmal in der historischen Mitte Berlins. Bei dessen Entstehung wurde intensiv darum gerungen, wie man jemals darstellen kann, dass rund sechs Millionen Menschen in Kon-zentrationslagern systematisch getötet wurden. Wie kann man etwas zeigen, das sich in seinem Ausmaß niemals mit Sprache, einer Skulptur oder einem simplen Denkmal zum Ausdruck bringen lässt? Der Künstler Peter Eisenman ent-schied sich für die Erstellung eines Labyrinths, das er als „Place of no meaning" bezeichnete, sprich einen „Ort ohne bestimmte Bedeutung". Auf diese Weise macht er den Ver-lust von Bedeutung und Wahrheit deutlich und dass es un-möglich ist, etwas mit einem Satz für alle Zeit auszudrücken.

Jeder Besucher wird diesen Ort individuell für sich „wahr-nehmen". Es ist eine von unendlich vielen Möglichkeiten, ein Ereignis darzustellen, und es wird ebenso viele Inter-pretationen und Empfindungen dazu hervorrufen.

Dennoch ist die Meinung noch weit verbreitet, dass Narra-tive im „harten Informationsjournalismus", also bei Nach-richten und Berichten nichts zu suchen haben, da es dem öf-fentlichen Informationsauftrag widerspreche.[18] Journalisten haben die Verantwortung, sich vom wahren sachlichen „Kern" eines Sachverhalts nicht zu sehr entfernen, denn dann wird es falsch. Hier zeigt sich eine klassische hierarchische Unter-teilung in den „guten" Informationsjournalismus und ein dem untergeordnetes „böses" Narrativ, das eigentlich Prosa sei. Nar-ration wird damit in ihrer Bedeutung jedoch heruntergespielt, denn es wird verkannt, dass Narrative eine Botschaft haben. Narrative haben nicht nur einen edukativen Zweck: Sie sind nicht nur Prosa, um den eigentlichen Kern, die Botschaft einer Sache, sprachlich hübsch zu verpacken und zugänglich zu ma-chen. Die Geschichte selbst ist die Botschaft und hat einen Wahrheitsanspruch. Der griechische Philosoph Demokrit sagt, dass es unter der scheinbaren, sichtbaren Welt eine wahre Wirklichkeit gibt. Das ist eine Aussage und Botschaft, der man mit „ja" zustimmen oder die man mit „nein" ablehnen kann, obgleich sie in einer räumlichen Metapher ausgedrückt ist. Das heißt, bei Demokrit wird eine These vertreten in Form einer Narration – das ist viel mehr als nur edukativ. Es gibt leider keinen Gralshüter der Wahrheit, der sagt: Diese Ge-schichte ist wirklich wahr und die andere nur ein bisschen. Das bringt uns zum nächsten Kapitel.

---

[18] Früh, Werner; Frey, Felix (2014): Narration und Storytelling: Theorie und em-pirische Befunde, Herbert von Halem Verlag, Köln, S. 10–11.

2

Die Wahrheit der Medien

Gehen wir noch einmal zurück zur „Corona-Krise": Inmitten einer ohnehin schon zugespitzten Situation erhebt die italienische Zeitung „La Stampa" einen ungeheuerlichen Vorwurf: Der Impfstoff-Hersteller AstraZeneca soll in Italien hohe Dosen an Impfstoff lagern mit dem Ziel, diese nach Großbritannien zu liefern, obwohl er mit seinen vertraglich zugesicherten Lieferungen an die Europäische Union massiv im Rückstand ist.[1] Wie reagieren die Medien darauf? Mit sehr kurzem Zeitabstand konnte man zwei interessante Artikel dazu lesen: Spiegel Online berichtet mit der Aussage, dass die EU nun endlich die Zügel anziehe und gegen den Konzern vorgehe.[2] Der Telegraph in Großbritannien hin-

---

[1] Marco Bresolin: AstraZeneca nasconde 30 milioni di dosi in Italia. E'contro con Londra, lastampa.it vom 24.03.2021, https://www.lastampa.it/topnews/primo-piano/2021/03/24/news/astrazeneca-nasconde-30-milioni-di-dosi-in-italia-e-scontro-con-londra-1.40064341/.

[2] EU verklagt AstraZeneca im Streit über Impfstofflieferungen, spiegel.de vom 26.04.2021, https://www.spiegel.de/wirtschaft/unternehmen/ausstehender-corona-impfstoff-eu-verklagt-astrazeneca-a-905d87a0-400e-4cc1-974e-81657b7fda56.

© Der/die Autor(en), exklusiv lizenziert an Springer Fachmedien
Wiesbaden GmbH, ein Teil von Springer Nature 2023
H. Friedrichs, *Die Wahrheit der Medien*,
https://doi.org/10.1007/978-3-658-40200-6_2

gegen schreibt vom Eingeständnis seitens der Europäischen Union, dass es sich um einen der peinlichsten Momente in der Geschichte der EU handle, und bezieht sich dabei auf ein entsprechendes Zitat des ehemaligen Europaminister von Portugal Bruno Maçães.[3] Was davon stimmt? Bei beiden handelt es sich um qualitativ hochwertige ausgewogene Artikel von angesehenen Medien. Und liest man beide durch, steht in keinem etwas Falsches – und doch etwas völlig anderes. Es handelt sich um eine völlig unterschiedliche Gewichtung der Inhalte.

2.1   Anything Goes: Allem wohnt die Möglichkeit inne

Wer Medien unterstellt, Lügen zu verbreiten, kennt folglich die Wahrheit. Die eine, absolute Wahrheit, die immer und für alle Gültigkeit hat? Gäbe es diese Wahrheit, so gäbe es keine Zeitungen. Denn diese Denkweise der „einen Wahrheit" bezieht sich auf eine Art zu philosophieren, welche die Gegenwart in den Mittelpunkt stellt und Vergangenheit und Zukunft vollständig ausklammert. „Was ist der Sinn des Lebens? Was ist Wahrheit?" Das sind Fragen, die in der Zeitform des Präsens verfasst sind. Eine Antwort müsste demnach natürlich ebenfalls in dieser Zeitform formuliert sein: „Der Sinn des Lebens ist …", „Die Wahrheit ist …". Diese präsenzorientierte Verfasstheit der Philosophie seit dem antiken Griechenland wurde von einer Reihe von Philosophen, zum Beispiel Nietzsche, Heidegger oder Derrida erkannt. Die Darstellung dieser Philosophie würde den Rahmen des Buches allerdings sprengen. Verkürzt und ver-

---

[3] Bill Gardner, James Crisp, Nick Squires: EU's 'most embarrassing' day: How the AstraZeneca vaccine factory raid unravelled, telegraph.co.uk vom 24.03.2021, https://www.telegraph.co.uk/news/2021/03/24/eus-embarrassing-day-story-behind-vaccine-factory-raid-unravelled/.

einfacht: Wenn es diese Art der Wahrheit gibt, dann gibt es keine Veränderung. Im Grunde wäre dann immer Präsenz, immer Gegenwart. Es gibt aber Veränderung, oder wie die Philosophen der Neuzeit und allen voran Heidegger sagten: die Möglichkeit. Es existiert keine absolute und endgültige Wahrheit – kein Original, kein Ur-Text, nichts, das immer ist, wie es ist. Was es jedoch gibt, sind unser Verlangen und unser Bedürfnis nach einer solchen Wahrheit, nach Antworten. Während meines Studiums der Philosophie traf ich eines Abends auf einen Theologen. Wir diskutierten über verschiedene Stellen in der Bibel und regelmäßig ereiferte er sich über die Interpretation von verschiedenen Bibelstellen durch die Kirche. Er berichtete mir, dass er nun Aramäisch lernen werde, denn so könne er die Bibel in der Originalsprache lesen. Er wolle den Ur-Text lesen, den vermeintlich „richtigen" Text. Dies war sein Verlangen, getrieben von der Ansicht, dass die Interpretationen der Kirche falsch seien und er, wenn er den Ur-Text lesen würde, die Wahrheit erkennen würde, sprich: wie es richtig ist.

Es gibt aber noch nicht einmal der Augenblick, den gleichsam in der Gegenwart festgefrorenen Moment. Auch nicht viele einzelne Augenblicke, die sich wie kleine Perlen aneinanderreihen. Dieses Bild ist falsch. Denn der Augenblick ist immer bereits entrückt in die Zukunft. Allem wohnt Möglichkeit inne. Damit wird auch klar, warum die Zukunft nicht vorhersehbar ist. Wenn alles gleich wäre und bliebe, dann ließe sich die Zukunft nicht nur ganz einfach mit einem Tabellenkalkulator vorhersagen – es gäbe sie noch nicht einmal. Dennoch hat man über Jahrtausende versucht, Wahrheit im Sinne des Präsens zu finden und zu verstehen. Philosophen haben Theorien entwickelt, die das Leben beschreiben, wie es ist: Wie funktioniert die Welt? Dazu kann man eine Theorie aufbauen, wie es etwa Marx oder Hegel gemacht haben, aber auch ein Modell wie „Yin und Yan" ist ein Konzept, das aus chinesischer Sicht erklärt, wie alles zusammenhängt und funktioniert. Der vielleicht letzte Philosoph der Moderne, der noch eine solche Theorie entworfen hatte, war Jean-Paul Sartre mit seiner beschreibenden Theorie des Existenzialismus. Doch die Entdeckung der Möglichkeit ist inzwischen ungefähr 100 bis 150 Jahre alt. Theorien und Modelle, wie alles funktioniert, macht seitdem keiner mehr. Was hingegen mehr und mehr Einzug findet, ist die politische Philosophie. Hier geht es eher darum, wie das tägliche und öffentliche Leben in der Gesellschaft gestaltet werden kann.

Fakt ist: Möglichkeit lässt Veränderung zu und auch, ein Ereignis unterschiedlich zu interpretieren. So ist es auch Medien möglich, Ereignisse unterschiedlich zu deuten – anhand von Narrativen, verschiedenen Botschaften und Metaphern. „Anything Goes" war nicht von ungefähr ein Motto zu Beginn des Jahrtausends. Man kann Dinge schlichtweg aus unterschiedlichen Perspektiven sehen, mit Worten spielen, Inhalte schaffen, aufbereiten und verändern. Es gibt keinen „Ur-Text", der unverrückbar existiert, keine Plattform, auf der alle Fakten aufgelistet sind als eine Art Amazon für Medien, ohne Unterschiede oder Differenzen. Vielmehr profitieren wir von einer vielfältigen Medienlandschaft. So werden Sie beispielsweise bei der Berichterstattung über den Mietendeckel in Berlin unterschiedlichste Artikel gelesen haben. In der TAZ, dem Handelsblatt, dem Spiegel. Es wird dabei höchst wahrscheinlich keinen Artikel gegeben haben, der falsch ist, und dennoch werden sie inhaltlich meilenweit auseinandergelegen haben. Es liegt auf der Hand, dass ein und derselbe Sachverhalt unterschiedliche Perspektiven zulässt und Medien individuelle Schwerpunkte setzen. Vielmehr noch: Man kann gar nicht anders, als Partei ergreifen. Ein Artikel hat immer eine Botschaft, eine These, die beispielsweise in der Headline widerspiegelt, wie der Journalist zum Thema steht. In den meisten Artikeln kommen unterschiedliche Parteien zu Wort. Etwa das Wohnungsunternehmen mit der Botschaft: „Mietverträge sind sicher, Mieter brauchen keine Angst zu haben". Die Mieterinitiative stellt eine Aussage gegenüber: „Die Mieten werden steigen." Es geht also nicht um Wahrheit oder Lüge, sondern vielmehr um den Kontext und unterschiedliche Botschaften mit dem Ziel, dass sich der Leser ein möglichst umfangreiches Bild machen kann.

Woher aber kommt dann das Misstrauen der Medienkritiker, die unerschütterliche Jagd nach Objektivität, nach der Wahrheit? Man kann es ihnen nicht verdenken. Denn diese Denkweise ist seit Jahrtausenden tief in uns verankert. Wir vermuten sehr schnell, dass unter der Oberfläche so etwas wie Wahrheit schlummert oder ein tieferer Grund. Diese extrem starken Narrative hat die griechische Philosophie vor über 2500 Jahren entwickelt und sie wirken bis heute nach. Einfach, glaubwürdig, unzerstörbar. Wir wollen den Dingen auf den Grund gehen. Im Kern ist dies ein Narrativ, das falsch ist und dennoch durchaus erfolgreich sein kann. Es war zum Beispiel der Treiber dafür, dass die Wissenschaft überhaupt das Atom entdeckte. So wird dem griechischen Philosophen Demokrit nachgesagt, er habe bereits um 300 v. Chr. die Theorie des Atoms vorweggenommen, – auch wenn er natürlich keine Ahnung von Atomen hatte. Sein eigenes Denken aber ist, dass das, was wir sehen und um uns herum passiert, nur scheinbar ist. Die Wirklichkeit ist darunter. Wenn nun also ein Schüler gelangweilt die griechische Philosophie im Unterricht über sich ergehen lässt, dann ahnt er schlichtweg nicht, dass er selbst noch heute von diesem Narrativ geleitet wird und auf diese Weise denkt. Jeden Tag. Seien es genau jene Schüler der Mittelstufe, die sich in einer Umfrage mehr tiefgründige

Filme mit „Wahrheit und Anspruch" anstelle von ober-flächlichen Soaps und Trash-TV wünschen, oder der Theo-loge, der Aramäisch lernt, oder der Demonstrant, der mit Transparenten vehement die Wahrheit einfordert.

Das gleiche Motiv hatte eine Gruppe schlauer Menschen vor ungefähr 300 Jahren: die allumfassende Wahrheit zu sammeln und festzuhalten. So erschien 1768 erstmals die Encyclopedia Britannica. Eine umfangreiche Enzyklopädie mit dem Anspruch, das gesamte menschliche Wissen zu-sammenfassend darzustellen: Wir wissen jetzt alles, also schreiben wir es einfach einmal auf. Doch so wie der eine Augenblick als eine Art eingefrorene Gegenwart nicht exis-tiert, so besteht auch nicht das eine, allumfassende Me-dium. In diesem Fall nicht einmal mehr das legendäre Nachschlagewerk. 2012 wurde die Printversion nach 244 Jahren eingestellt. Die Online-Version britannica.com hin-gegen wird weiterhin laufend aktualisiert.[4]

Es gibt kein wahres Medium. Keine „Ur-Bibel", die nur falsch übersetzt ist und die Wahrheit der Welt beinhaltet, wenn man sie nur erst einmal Wort für Wort in der Original-sprache durchgearbeitet hat. Gäbe es nur die eine Wahrheit, die für alle gleichermaßen gilt und keinerlei Interpretation zulässt, wäre auch keine Veränderung möglich. Das heißt im Umkehrschluss: Erst mit dem Begriff der Möglichkeit gibt es Zukunft.

Wenn Journalisten nicht objektiv sein können und die Wahrheit viele Facetten hat: Woran können wir uns orien-tieren? Und wie kann die Auswahl und Aufbereitung von Themen realistisch aussehen?

---

[4] Marcus Theurer: Die Encyclopaedia Britannica gibt es nicht mehr als Buch, faz.net vom 14.03.2012, https://www.faz.net/aktuell/wirtschaft/lexika-die-encyclopaedia-britannica-gibt-es-nicht-mehr-als-buch-11684218.html.

2.2 Themenauswahl: Die Medien als Spiegel der Gesellschaft

Kennen Sie den Prenzlauer Berg in Berlin? Stellen Sie sich vor, es ist Mitte Oktober im Jahr 2021 und Sie gehen dort zu Mittag essen. Womöglich werden Sie dann auf eine Gruppe von Menschen treffen, die aus Schwaben hergezogen ist: junge Familien mit zwei oder drei Kindern, Helm auf, politisch korrekt – tendenziell grün, extrem vorsichtig. Sitzen Sie nun am Nebentisch, werden Sie womöglich Diskussionen über die Maßnahmen zur Coronakrise verfolgt haben können: ob diese gerechtfertigt sind, zu streng, zu locker. Das sind die Themen, welche die Menschen interessieren, die sie beschäftigen, mit denen sie sich im Kollektiv auseinandersetzen. Ein Journalist mit ähnlichem Background, der dort lebt und arbeitet, wird als Teil dieser Gesellschaft ähnliche Werte vertreten und Gedanken haben. Denn auch als Journalist kann man sich dem nicht entziehen.

Verfolgt man also die tägliche Berichterstattung, stellt man fest, dass die Medien unterschiedlich schreiben. Von Medium zu Medium sowie von Land zu Land. So war die Corona-Berichterstattung in Deutschland besonders zu Beginn der Pandemie geprägt von Vorsicht, Zurückhaltung und den Aufrufen, aufzupassen. Unterstützt von Wissenschaftlern spiegelten die Beiträge die Mentalität unserer Gesellschaft wider: vorsichtig, genau und so aufbereitet, dass man die Themen endlos durchdiskutieren kann. Vergleicht man die Berichterstattung beispielsweise mit jener in Großbritannien, ergibt sich ein anderes Bild: Diese ist geprägt von Aufrufen und Forderungen, dass die Bürger ihre Freiheit zurück wollen. Darüber hinaus sind die Artikel vergleichsweise zahlenlastig. Briten sind nun einmal nicht nur freiheitsliebend, sondern haben mit London eines der wichtigsten Finanzzentren Europas und der Welt. Deutschland hat keinen „Freedom Day" und es gibt keinen Prenzlauer Berg in Großbritannien. Dieser drastische Unterschied in der Berichterstattung hat sich bis hin zur sogenannten „4. Welle" durchgezogen. Während Corona, Inzidenzzahlen und Diskussionen über die Maßnahmen zur Eindämmung der Pandemie Thema Nummer eins in allen großen deutschen Tageszeitungen blieben, war in den britischen Medien nachweislich kaum etwas darüber zu lesen. Keine Titelstorys in Telegraph, Times & Co., kein Experte, der besorgt in die Kamera sah und sagte „Es sieht düster aus". Und das wohlgemerkt bei ähnlich hoher Inzidenz. Warum ist das so? Wir Deutschen würden schnell vermuten, dass Nachrichten unterdrückt oder zurückgehalten werden, – „die Murdoch Presse". Vielleicht herrscht aber auch schlichtweg eine andere Mentalität vor, mit derartigen Themen umzugehen: ein anderes Risikoverständnis, andere Wünsche, andere Ziele. Auch las man in deutschen Berichten regelmäßig, dass der schwedische Sonderweg während der Coronakrise gescheitert sei. Die Schweden wussten davon allerdings nichts. Die dortige Regierung hatte sich per Gesetz erlaubt, Schulen und Geschäfte schließen zu können, hat es aber nicht getan. Entsprechend war in den schwedischen Medien anders darüber berichtet worden. Beides ist guter Journalismus, nur eben ausgerichtet auf das jeweilige Land und dessen Gesellschaft.

Ein ähnliches Phänomen lässt sich auch auf dem Wohnungsmarkt beobachten: Es gibt in Deutschland praktisch jeden Tag Artikel darüber, dass die Mieten zu hoch sind, keine Wohnungen mehr zu finden sind und Mieter ihre Wohnungen verlassen müssen, Stichwort Gentrifizierung. Mit einem Mieteranteil von über 50 % in Deutschland – in Berlin sind es sogar über 80 % – ist das die logische Konsequenz. Diese Art von Artikeln fand man auch in Großbritannien – bis Margaret Thatcher kam. Mit ihrer Politik der „property-owning democracy" begann sie, den Sozialstaat umzugestalten und förderte den Kauf von Häusern und Eigentumswohnungen mit günstigen Krediten. So ebnete sie mit dem im Zuge des Housing Act eingeführten „Right to buy" schon in den 1980er-Jahren den Weg für die weitgehende Privatisierung des Wohnungsbestandes und ein Großteil der Mieter wurde zu Wohneigentümern. Mit über 65 % Wohneigentum[5] herrscht in Großbritannien heute folglich eine andere Kultur und somit vollzog sich auch ein Wandel der Berichterstattung. In dieser Eigentumskultur sind die vorherrschenden Themen zum einen vielmehr nutzwertige Artikel, wie etwa, was es beim Immobilienkauf zu beachten gilt, wie man es schafft, eine Wohnung zu kaufen, wenn das Geld knapper wird oder wie es jüngeren Menschen gelingen kann, Wohneigentum zu erwerben. Zum anderen gibt es Artikel, die fordernd gegenüber der Politik sind – zu Gunsten der Eigentümer. Weil sich die gesellschaftlichen Verhältnisse geändert haben, hat sich auch die Berichterstattung geändert. Die britischen Journalisten schreiben weniger über Miethöhen, weil die Gesellschaft sich mehr als eine Gesellschaft von Eigentümern versteht. Es kann sogar sein, dass Mieter in diesen Medien beschimpft werden, wenn sie ihre Miete nicht bezahlen. In Deutschland hingegen ist es undenkbar, dass es kritische Artikel über Mieter gibt, welche die Miete nicht bezahlt haben. Das ist für Vermieter, Eigentümer und Investoren ärgerlich, aber nicht falsch. Es herrscht eine andere gesellschaftliche Dimension vor, mit der auch die Immobilienwirtschaft in Deutschland leben muss. Es ist möglich, ein Thema in unterschiedliche Zu-

---

[5] Statista: Wohneigentumsquote in ausgewählten europäischen Ländern im Jahr 2020, https://de.statista.com/statistik/daten/studie/155734/umfrage/wohneigentumsquoten-in-europa/.

sammenhänge zu bringen. Zwei Narrative und beide sind legitim. Und es wäre doch wirklich sehr seltsam, wenn in Berlin, bei einer Mieterquote von 80 %, nicht ausführlich und dominierend über die gestiegenen Mieten der letzten Jahre berichtet worden wäre.

Gibt es also überhaupt eine „richtige" Berichterstattung? Was macht den sogenannten Qualitätsjournalismus aus? Berichterstattung soll objektiv sein, gleichzeitig allen Perspektiven gerecht werden. Sie soll neutral sein, bestenfalls aber auch kritisch. Gut recherchiert, aber bitte frei zugänglich und am besten trotzdem ohne Werbung. Aus dieser offensichtlichen Diskrepanz hat sich eine Bewegung entwickelt, die sich aktiv und lautstark gegen die Presse aufbäumt. Die Vorwürfe: Lügenpresse, Fake News, Systemmedien. Das Urteil richtet sich dabei insbesondere an die „Mainstream-Medien", d. h. die großen, auflagenstarken Medien, die – laut ihren Kritikern – zu einseitig oder nicht genügend differenziert berichten. Doch was bedeutet Mainstream eigentlich? Per Definition ist „Mainstream" zunächst die „vorherrschende gesellschaftspolitische, kulturelle o. ä. Richtung".[6] Mainstream-Medien spiegeln demzufolge also den kulturellen Geschmack einer großen Mehrheit wider. Man könnte auch sagen gesellschaftlich relevante Themenschwerpunkte oder: Medien holen schlichtweg unsere Mentalität ab. Die allgemein formulierte Erwartung an einen Journalisten ist, dass er Neuigkeiten und Fakten meldet. Doch ist das wirklich der Grund, warum sich der Leser eine Zeitung kauft? Sollte er dann nicht die dpa abonnieren?

„Fakten, Fakten, Fakten … und an die Leser denken", beschrieb Focus-Chefredakteur Helmut Markwort in den 1990er-Jahren in einem TV-Spot die Devise seines Magazins. Tatsächlich sind es diese beiden Dimensionen, die

---

[6] Duden, https://www.duden.de/rechtschreibung/Mainstream.

letztendlich zählen. Denn in einer Mediendemokratie wird es immer Themen geben, die während eines bestimmten Zeitraumes dominieren – etwa nach gesellschaftlicher Relevanz, Brisanz oder geografischer Nähe. Und das ist nur logisch. Denn der Großteil von uns kauft keine Zeitung, um zu erfahren, was auf der ganzen Welt passiert, sondern in seiner. Der Leser möchte gute Artikel lesen, Inhalte mit Botschaften, die seine Mentalität widerspiegeln. So erfolgt auch die Auswahl der Medien und Artikel selektiv. Dieser sogenannte Bestätigungsfehler ist ein natürliches Phänomen: Wir suchen nach jenen Informationen, die unsere Überzeugungen unterstützen und vermeiden solche, die sie widerlegen. Jeder von uns, ob bewusst oder unbewusst. Man liest schlichtweg gern Themen, die die eigene Meinung bestätigen und genießt das Ritual, sich in der Gemeinschaft über „Idioten" mit anderer Meinung aufzuregen. So bezeichnet der amerikanische Autor und Reporter Matt Taibbi Nachrichtenlesen als „Sucht, so gefährlich wie Zigaretten und gesättigte Fette".[7] Medien verkaufen seiner Ansicht nach eine Konsumentenerfahrung von politischer Solidarität, mit der ein Überlegenheitsgefühl gegenüber einer anderen Gruppe bestätigt wird.

Das bedeutet, „Mainstream-Medien" werden vor allem dann zum Problem, wenn sie nicht die gewünschte Meinung des Lesers widerspiegeln. Ein Teil der Gesellschaft fühlt sich von den Medien nicht genügend repräsentiert, in ihrer Meinung, ihren Themen. Teilweise ist dies vielleicht berechtigt. Es gibt sogenannte Randgruppen, deren Themen in unserer Gesellschaft womöglich nicht genügend Gehör finden. Nicht, weil es nicht wichtig wäre, sondern

---

[7] Marc Neumann: „Aktivistischer Journalismus macht abhängig – er ist intellektuell uninteressant, aber höchst effizient", nzz.ch vom 19.04.2021, https://www.nzz.ch/feuilleton/aktivistischer-journalismus-macht-abhaengig-er-ist-intellektuell-uninteressant-aber-hoechst-effizient-ld.1611319?reduced=true.

weil sich ein zu geringer Anteil dafür interessiert. Teilweise handelt es sich dabei aber auch um Meinungen, die stark polarisierend oder gar gefährlich sein können. Hier ist es sogar die Aufgabe und Pflicht der Medien, Themen sorgfältig und verantwortungsvoll auszuwählen.

Bedeutet ausgewogene Berichterstattung also, dass alle gleichermaßen zu Wort kommen? Die Antwort lautet Nein. Denn nicht nur die Auswahl der Themen spielt eine Rolle, sondern auch deren Gewichtung. Es gilt einerseits, im Sinne einer ausgewogenen Berichterstattung, verschiedene Stimmen zu Wort kommen zu lassen. Andererseits darf die Relation nicht außer Acht gelassen werden. Gerade bei kontroversen Themen gibt es immer diverse Lager, die unterschiedlichste Meinungen vertreten. Manche davon entgegen jeglicher Empirie. Impfen oder Klimaschutz sind gängige Beispiele dafür. Es gibt Impfgegner und Klimaskeptiker. Sie vertreten jedoch eine deutliche Minderheit, da sich die meisten Menschen daran orientieren, was wissenschaftlich erwiesen ist. Würde man diese beiden Gruppen nun einander gleichberechtigt gegenüberstellen, würde ein falsches Gleichgewicht entstehen, auch „False Balancing" genannt. Dieses Phänomen, das sich vornehmlich auf den Wissenschaftsjournalismus bezieht, bezeichnet eine mediale Verzerrung von Themen. Einer klaren Minderheit wird hierbei ungebührlich viel Raum gegeben, sodass der (falsche) Eindruck entsteht, Minderheitenmeinung und Konsensmeinung seien gleichwertig.[8] Dadurch wird ein Dissens vermittelt, den es eigentlich gar nicht gibt. Das bedeutet schlussendlich, dass nicht jede Meinung und jedes Thema zu gleichen Anteilen Aufmerksamkeit finden kann – und darf.

---

[8] Lars Guenther, Hanna Marzinkowski: Evidenz und (falsche) Ausgewogenheit in der Berichterstattung über Medizin und Gesundheit: Eine Inhaltsanalyse von Print- und Online-Medien. In: Evidenzbasierte | evidenzinformierte Gesundheitskommunikation. Nomos Verlagsgesellschaft mbH, 2018, S. 191–202.

Letztendlich ist die Wahrnehmung von Inhalten natürlich immer die Interpretation einer individuellen Wahrheit beider Seiten – Sender und Empfänger, Journalist und Leser. Deutlich wird das im Kontext der Medien zum Beispiel bei der Lektüre von Leserbriefen, bei denen man oft die unterschiedlichsten Auffassungen zu ein und demselben Artikel lesen kann. Es lässt sich aber festhalten, dass es Qualitätsmedien gibt, die innerhalb des gesellschaftlichen Rahmens nach klar definierten Standards berichten. Doch so wie jeder Mensch ein Ereignis unterschiedlich erlebt, wird auch jeder Journalist unterschiedlich darüber schreiben. Denn Journalisten sind unabhängig, aber natürlich Teil unserer Kultur. Das ist ein wenig so, wie wenn man in Deutschland ein chinesisches Restaurant besucht. Man hat immer den Verdacht, dass das Essen an die hiesigen Gepflogenheiten angepasst ist – doch die meisten werden über diesen Umstand durchaus froh sein.

2.3 Recherche und Quellen: Woher kommen die Informationen?

Zurück nach Berlin: Es ist das Jahr 2015. Von den 3,5 Millionen. Berlinern wohnen fast 3 Millionen. zur Miete. Nun stellen Sie fest, dass sich die Miete in manchen Stadtteilen innerhalb von fünf Jahren nahezu verdoppelt hat. Mieterhöhungen, die für viele Haushalte mehr als 30 % des Einkommens bedeuten. Unter anderem Modernisierungen seitens der Eigentümer führen dazu, dass sich viele ihre Wohnungen nicht mehr leisten können und ausziehen müssen. Die Suche nach einer neuen Wohnung ist beinahe aussichtslos. Glauben Sie, dass Medien über eine solche Situation berichten würden? Natürlich. Es würde einen Aufschrei geben – und den gab es auch. Das war eine Story und es gibt keinen Grund darüber zu meckern, dass die Medien in der Weise berichteten, wie sie es getan haben. Generell lässt sich beobachten, dass die Berichterstattung im Mietenbereich in den vergangenen Jahren deutlich zugenommen hat und stark ins öffentliche Interesse gerückt ist. So erscheinen Immobilienthemen zunehmend auf den ersten Seiten der Zeitungen, während sie vor 15 Jahren noch ausschließlich hinter Motor & Sport zu finden waren. Auch damals hatte jeder Journalist schon den üblichen Artikel zum Thema Betriebskostenabrechnung („Falsch abgerechnet!") im Januar im Kalender stehen. Doch die allgemeine Frequenz hat zugenommen. Warum? Immobilien, Wohnungen und Mieten ist ein Massenthema geworden, denn es bestand noch nie eine derartige Wohnungsknappheit wie heute. Noch zu Beginn des neuen Jahrtausends gab es in den Städten massenhaft Leerstände. In Berlin hatte man seinerzeit sogar überlegt, Gebäude abzureißen. Die Stadt hatte tausende Wohnungen verkauft, was ihr heute vorgeworfen wird. Doch es war eine andere Zeit und das Thema für die Gesellschaft damals nicht bedeutend.

Einigen wir uns also darauf, dass das Thema Immobilien heute für einen Großteil der Gesellschaft relevant ist und es wichtig sein könnte, darüber zu berichten. Wie viele Journalisten kennen Sie, die regelmäßig Wohnungen kaufen oder verkaufen? Keinen? Herzlichen Glückwunsch: Ein Journalist ist kein Immobilienexperte, kein Immobilienprofi. Wie also gelangt er an relevante Informationen, um einen ausgewogenen und fundierten Artikel zu schreiben? Einer Statistik aus dem Jahr 2022 zufolge sind die wichtigsten drei Bezugsquellen für Journalisten Nachrichtenagenturen, Pressemitteilungen und Branchenexperten.[9] Während Nachrichtenagenturen das tägliche Tagesgeschehen abdecken, sind letztere besonders dann relevant, wenn es um tiefgreifendere Informationen zu speziel-

---

[9] Statista vom 15.08.2022, https://de.statista.com/statistik/daten/studie/202452/umfrage/welche-medien-journalisten-in-europa-fuer-ihre-arbeit-nutzen/.

len oder besonders komplexen Themen geht. Und hier lauert auch schon die nächste vermeintliche Gefahr: Mächtige Firmen mit PR-Abteilungen und gewiefte PR-Manager. Die „Spin Doctors", die als Meister der Narrative Inhalte so lange verbiegen und verdrehen, bis ihre Auftraggeber in den Medien gut aussehen. Bestimmt haben Sie diese Geschichte schon einmal gehört: Ein PR-Berater und ein Journalist sind mit einem Bankenchef zum Businesslunch verabredet. Plötzlich fällt vor dem Restaurant ein Rottweiler über ein kleines Kind her. Furchtlos stürzt sich der Bankier auf den Hund und tötet das wilde Tier mit seinen bloßen Händen. Der PR-Berater eilt in sein Büro und formuliert das Narrativ: „Bankier riskiert sein Leben, um ein Kind zu retten." Der Journalist hastet ebenso in sein Büro und formuliert die Schlagzeile: „Bankenboss erwürgt Haustier!" Und, welches Narrativ gefällt Ihnen besser? Welches erscheint Ihnen richtiger?

PR-Spezialisten im Politikbereich wird zum Beispiel nachgesagt, sie manipulierten Wähler. So soll sowohl beim Brexit als auch bei den Wahlen in den USA „nachgeholfen" worden sein. Sprich, eine britische PR-Agentur habe dafür gesorgt, Botschaften über Social Media zu verbreiten und die Wähler damit entsprechend zu beeinflussen. Hier begegnen sie uns wieder: Die dunklen Machenschaften unterhalb der Oberfläche. Das glauben wir natürlich gern, denn es bedient unseren Drang der Wahrheitsfindung. Die Wahrheit, die stets unter der Oberfläche lungert. Die Wahrheit, dass die Amerikaner wirklich Trump gewählt haben und der Brexit von mehr als der Hälfte der Briten tatsächlich gewollt war, ist für uns Deutsche wiederum keine gute Wahrheit. Wir glauben es nicht. Wer aber die letzten Jahre die internationale Presse regelmäßig gelesen hat, glaubt das sehr wohl.

Weil die britischen Medien nun einmal wirklich sehr stark gegen die EU geschrieben hat – und es noch immer

tun. Und das beinahe jeden Tag.[10] Das war und ist die vorherrschende dortige Einstellung. Der Brexit war somit
weder eine Überraschung noch das Ergebnis einer Manipu-
lation. Er war der Spiegel der Gesellschaft, beziehungsweise
eines großen Teils der britischen Gesellschaft.

Ähnlich im Fall Trump. Gewiss haben seine Wahl-
kämpfer und Kommunikationsprofis eingängige Narrative
entwickelt, die Gegenseite aber auch. Die Wähler haben
Trump gewählt, weil sie für seine Botschaften empfäng-
licher waren. Weil er sie abgeholt und das wiedergegeben
hat, was viele in der Gesellschaft denken. Dabei gab es defi-
nitiv zahlreiche Narrative, die nicht der Wahrheit ent-
sprachen, sowie falsche oder irreführende Behauptungen.
Laut Washington Post 16,5 pro Tag im zweiten Amtsjahr,
um genau zu sein. Bis Ende 2019 soll Trump es insgesamt
auf 15.413 (!) solcher Aussagen gebracht haben.[11] Die
dunklen Machenschaften der Demokraten zum Beispiel

---

[10] Einige Beispiele hierzu aus dem Telegraph. Es ist regelmäßig zu beobachten, dass
die EU in der britischen Presse als eine Art „Bürokratiemonster" und Ansammlung
von Technokraten beschrieben wird, siehe Ross Clark: „As the EU bails out Germany,
we should thank God we left", telegraph.co.uk vom 22. Juli 2022, https://www.tele-
graph.co.uk/news/2022/07/27/eu-bails-germany-should-thank-god-left/. Im Juli hatte die EU beschlossen, dass jedes Land 15 % Gas einsparen soll. In dem Artikel wird
beschrieben, dass dies wegen Deutschland geschieht, denn schließlich hatte Deutschland sich von Russland beim Gas abhängig gemacht: Julian Jessop: „Why Britain is
doing better than the EU", telegraph.co.uk vom 2. April 2022, https://www.tele-
graph.co.uk/business/2022/04/03/britain-better-eu/. Im Oktober 2021 wurde über
den französischen Wahlkampf berichtet und über die Gefahr für die EU durch
die französische Rechte um Eric Zemmour: Douglas Murray: „The technocrats
of the European Union won't be able to survice the next French revolution",
telegraph.co.uk vom 8. Oktober 2021, https://www.telegraph.co.uk/
news/2021/10/08/technocrats-european-union-wont-able-survi-
ve-next-french-revolution/
[11] Glenn Kessler, Salvador Rizzo, Meg Kelly: President Trump has made 15,413
false or misleading claims over 1,055 days, washingtonpost.com vom 16.12.2019,
https://www.washingtonpost.com/politics/2019/12/16/president-trump-has-
made-false-or-misleading-claims-over-days/.

waren für viele Trump-Anhänger ein glaubwürdiges Bild. Und bis heute hält sich das Gerücht, dass Barack Obama in Afrika geboren wordenund somit kein Amerikaner sei. Ebenso glauben viele Amerikaner nicht, dass die vergangene Wahl korrekt war. So wie wir nicht glauben, dass es beim Brexit nicht einwandfrei abgelaufen ist? Glaubwürdige und wahre Geschichten sind nicht das Gleiche. Es gibt wahre Narrative und solche, die zwar falsch sind, aber stärker sind als die Wahrheit. So wirkt natürlich die „Propaganda" einiger Regierungen bei der Bevölkerung durchaus, weil sie glaubwürdig ist, weil sie sich glaubwürdiger Narrative bedient. Wenn russische Medien also etwa schreiben, dass sie sich von der NATO umzingelt fühlen, dann ist das ein eingängiges Narrativ, das leider sehr viele Russen glauben.[12]

Wie verhält es sich bei den Medien hierzulande? Parteien möchten sich präsentieren, Reputation aufbauen und Wähler erreichen. Auch jedes erfolgreiche Unternehmen ist darauf angewiesen, Pressemitteilungen zu verschicken oder Artikel auf LinkedIn zu veröffentlichen. Wer nicht kommuniziert, wird nicht wahrgenommen. Selbstverständlich bedienen sich Journalisten dieser Quellen. Doch wie schaffen es die Pressesprecher und PR-Manager, Journalisten so zu manipulieren, dass diese ihre Inhalte abdrucken? Die Antwort ist einfach: gar nicht.

Während der Finanzkrise saß ich – der PR-Experte – in einer solchen Firma – der Bank – am großen Tisch mit den Bankexperten, um über mögliche PR-Strategien zu sprechen. „Die Kunden sind uns am wichtigsten, wir legen Wert auf Qualität",

---

[12] Die Zeitung Komsomolskaja Prawda schrieb schon 2004, dass die NATO immer näher an die russischen Grenzen heranrücke: Maxim Sokolow:„США окружают Россию военными базами", 12.01.2004, https://www.kp.ru/daily/23192/25830/ Übersetzt ins Deutsche: „Heute werden alle Bewegungen von Militärstützpunkten in die Länder des ehemaligen „sozialistischen Lagers" mit dem Kampf gegen den internationalen Terrorismus erklärt, aber auf seltsame Weise umgeben sie Russland, einen Verbündeten des Westens im Antiterrorkrieg, mit einem Ring immer enger. Was, wenn sich die Prioritäten der NATO morgen ändern?".

war die Aussage, die vermittelt werden sollte. Das ist vielleicht wahr. Nur würde kein Reporter der Welt diese Aussage als Anlass für einen Artikel nehmen. Natürlich sind Kommunikationsspezialisten dazu da, Narrative zu entwickeln, die Interesse wecken und gern gelesen werden und das ist nicht verwerflich. „Ich bin ein seriöser Mensch." Was denken Sie, wenn Ihnen jemand mit dieser Aussage entgegentritt? Womöglich haben Sie Zweifel – wenn er das so direkt sagt? Das klingt eher unsympathisch. Was ist, wenn diese Person zu Ihnen sagt: „Ich bin heute zu Ihnen gekommen, um zu sagen, vieles läuft nicht rund. Es gibt einfach schwarze Schafe und die gilt es zu bekämpfen. Gemeinsam können wir echte Verbesserungen erzielen." Ein eingängiges Narrativ, das seriös klingt, Glaubwürdigkeit schafft und einem kompetenten Menschen oder Unternehmen hilft, seine Mission zu untermauern. Ob diese jedoch relevant ist, entscheidet der Journalist. Wenn Experten es schaffen, sich in der Presse mit ihrem Know-how zu positionieren, hat dies natürlich einen positiven Effekt für diese. Ein gut recherchierter Artikel zu einem interessanten Thema, ergänzt um den ein oder anderen Expertenkommentar kann sehr wirkungsvoll für den zitierten Experten sein. Es bereichert aber auch den Artikel und macht ihn weder falsch noch unglaubwürdig. Der Journalist wird damit nicht manipuliert, auch nicht die Öffentlichkeit. Im Gegenteil: Der Leser erhält einen fundierten Artikel basierend auf Expertenwissen, überprüft durch den Journalisten. Er ist es, der mit Sorgfaltspflicht und nach klar definierten Leitlinien prüft, welche Quellen seriös und am besten geeignet sind für ein spezielles Thema.

Vor einiger Zeit las ich einen Kommentar in der Tageszeitung „Die Welt", der sich kritisch über LinkedIn äußerte.[13] Der Autor monierte, dass alle Unternehmen die

---

[13] Jan Grossarth: „LinkedIn bringt das Schlechteste im Menschen zum Vorschein", welt.de vom 24.02.2021, https://www.welt.de/kultur/plus226899465/LinkedIn-bringt-das-Schlechteste-im-Menschen-zum-Vorschein.html.

schöne neue Welt erklärten und es sich dabei ausschließlich um Positivbotschaften handle. Was fehle, sei der kritische Blick des Journalisten. Tatsächlich ist es so: Neue Medien ermöglichen es Unternehmen, sich den „Umweg" über die Presse zu sparen und ihre Inhalte direkt an ihre Zielgruppen zu adressieren. Gute Artikel auf Plattformen wie LinkedIn haben ihre Daseinsberechtigung und Qualität. Wenn ein Fachexperte aus der Immobilienwirtschaft als Beispiel auf LinkedIn einen Fachartikel schreibt, lesen das andere Profis und können sofort sehr gut beurteilen, ob das Quatsch ist oder nicht. Texte und Beiträge von Unternehmen auf Linked-In können eine hohe Glaubwürdigkeit haben, auch wenn sie nicht zwangsweise neutral sind. Wer Blödsinn schreibt, wird entlarvt und wer plattes Marketing-Deutsch schreibt, wird nicht gelesen. „Wir bieten Qualität und sind die wichtigsten Menschen der Welt", will und wird keiner lesen – auch nicht auf LinkedIn. Allen steht es letztendlich frei, sich selbst auf die Suche nach Informationen zu machen. Das Internet bietet eine Vielzahl an Kanälen und Möglichkeiten, sich über die Geschehnisse in der Welt zu informieren. Über diverse Medien, Nachrichtenagenturen oder auf den Kanälen der Experten oder Unternehmen selbst. Da viele Inhalte frei zugänglich sind, können wir unsere Quellen nach Belieben auswählen: Welche Themen lesen wir gern? Was klicken wir an, welche Headlines wecken unser Interesse? Praktischerweise werden Inhalte mit Hilfe von Algorithmen zunehmend exakt auf das Leserverhalten zugeschnitten mit dem Ergebnis, dass beispielsweise genau jene Headlines angezeigt und betont werden, die den eigenen Präferenzen entsprechen. Das ist zwar komfortabel, kann aber auch zu einseitiger Information führen. Themen, die Sie selbst besonders mögen, werden forciert. Der Algorithmus löst somit zu einem gewissen Grad die Aufgabe der Themenauswahl sowohl durch den Journalisten als auch den Leser ab, beziehungsweise. automatisiert diesen Prozess. So bezieht Google bei Ihrer Suche auch die Ergebnisse vorheriger Suchen mit ein, was dazu führt, dass Sie beispielsweise andere Suchergebnisse bei ein und demselben Suchbegriff haben als jemand, der andere Überzeugungen oder einen anderen Wissensstand zu einem Thema hat. Die Gefahr, die man in der Entwicklung dieser neuer Technologien ebenso sehen kann, ist, dass Algorithmen reißerische Themen mehr betonen. Dadurch wird das Klima aggressiver und spitzt sich zu, wie wir es jetzt erleben. So eignen sich einschlägige Internetforen bestens dazu, Falschinformationen zu verbreiten, welche die Meinung ihrer User bestätigen und in deren Weltbild passen.

Aber es gibt einen Grund, warum wir unsere Informationen nicht nur über das Internet, soziale Medien oder LinkedIn beziehen. Einerseits können Journalisten Content schlichtweg am besten wiedergeben und aufbereiten. Sie können es besser als Unternehmen und viele Experten auf Youtube. Wichtiger aber noch: Sie sind die Experten auf dem Gebiet der Recherche und darin, Fakten zu prüfen und zu gewichten. Sie haben es gelernt und es ist Teil ihres Ethos. Journalisten verfassen und veröffentlichen Berichte und Artikel mit der Überzeugung, dass es richtig ist, was sie schreiben. Das ist ihr Anspruch. Nicht zu vergessen: Fundierter investigativer Journalismus findet professionell nur in klassischen Medien statt.

Ein Geschäftspartner erzählte mir vor Kurzem von einem Akquisetermin, zu dem sein potenzieller Kunde Zeitungsartikel über dessen Unternehmen mitbrachte, feinsäuberlich ausgedruckt mit der Bemerkung „Da stehen aber interessante Sachen drin …". Selbst bei einem „parlamentarischen Frühstück", das wir für einen Kunden mit einigen Politikern veranstalteten, hatten diese die ausgedruckten Artikel über das Unternehmen dabei. Das zeigt, dass Medien als glaubwürdig wahrgenommen werden und hilfreich für die Reputation eines Unternehmens sein können. Die Menschen interessieren sich nach wie vor für das, was in den Medien geschrieben wird. Es ist ein Garant für Qualität und Richtigkeit. Das ist die Rolle und Bedeutung der Medien. Denn es ist fraglich, ob sich ein Politiker oder Kunde einen LinkedIn Artikel ausdrucken würde oder man als Individuum die Zeit und Mittel hat, sämtliche Quellen auf ihre Richtigkeit zu überprüfen. Die Verbreitung gefälschter Informationen ist es letztendlich, die gefährliche Auswirkungen auf die Gesellschaft und letztlich sogar die Demokratie haben kann. Journalisten stehen dem letztendlich als eine Art Wächter gegenüber.

3

Emotion führt zu Emotion: Medien in der Verantwortung

Anhänger

„Was immer Du schreibst, schreibe kurz, und sie werden es lesen, schreibe klar, und sie werden es verstehen, schreibe bildhaft, und sie werden es im Gedächtnis behalten, vor allem aber, schreibe sorgfältig, und sie können sich danach richten."[1] – Joseph Pulitzer.

Die repräsentative „Langzeitstudie Medienvertrauen"[2] der Mainzer Johannes Gutenberg-Universität zeigt: Im Jahr

---

[1] „Put it before them briefly so they will read it, clearly so they will appreciate it, picturesquely so they will remember it and, above all, accurately so they will be guided by its light." Joseph Pulitzer, 1914, Alleyne Ireland: Reminiscences of a Secretary, Kapitel 2: Meeting Joseph Pulitzer, Seite 68 und 69, Mitchell Kennerly, New York.

[2] Johannes Gutenberg-Universität Main, Langzeitstudie Medienvertrauen: Forschungsergebnisse der Welle 2019, https://medienvertrauen.uni-mainz.de.

2019 meinten immerhin 43 % der Bevölkerung, man könne den Medien „voll und ganz" oder wenigstens „eher" vertrauen, „wenn es um wirklich wichtige Dinge geht". Der Anteil derjenigen, die den Medien misstrauen, hat sich jedoch insgesamt in den letzten zehn Jahren nahezu verdreifacht.

Der allgemeine Vorwurf: Medien berichten unsachlich, voreingenommen oder gar falsch. Was aber zeichnet einen „richtigen" Beitrag aus? Ein reines Meldewesen, frei von Emotion und Mehrdeutigkeiten? Um dies beurteilen zu können, bedarf es zunächst eines grundlegenden Verständnisses davon, was Sprache leisten kann – und was nicht. Denn neutrale Sprache gibt es genau so wenig wie die „objektive Wahrheit". Was macht Qualitätsjournalismus aus? Das konventionelle Verständnis von Journalismus ist eine faktenzentrierte, objektive, distanzierte Berichterstattung.[3] Den Begriff „objektiv" wiederum definiert der Duden sinngemäß als frei von persönlichen Gefühlen.[4] Doch geht Emotion im Journalismus zwangsweise mit einem Qualitätsverlust einher? Oder ist es vielleicht sogar der gezielte und bewusste Umgang mit Emotion, der hochwertigen Journalismus auszeichnet?

Den Medien kommt vor diesem Hintergrund zweifellos eine besondere Verantwortung zu. Denn sie verschaffen einem breiten Publikum Zugang zu bestimmten Sachverhalten. Das löst nicht selten Emotionen aus, auf die gesellschaftliche Aktivitäten folgen können: Demonstrationen, Forderungen an die Politik bis hin zu Protesten und Ausschreitungen. So führten die rasant steigenden Mieten in Berlin etwa zu zahlreichen Demonstrationen, Bürgerinitiativen und nicht zuletzt zu einem groß angelegten Volksbegehren durch die Initiative „Deutsche Wohnen & Co. enteignen". Begleitet wurde diese Bewegung von einer regelmäßigen Berichterstattung, was erst zur entsprechenden Aufmerksamkeit in der Gesellschaft führte.

---

[3] Karin Wahl-Jorgensen (2018): Emotions, Media and Politics, Wiley, 2019.
[4] Duden.de, https://www.duden.de/rechtschreibung/objektiv.

3.1 Journalismus und Neutralität: Was vermag Sprache (nicht)?

Hier kommen wir wieder zur Philosophie: Sie hatte es sich über circa zwei Jahrtausende – wie bereits beschrieben – zur Aufgabe gemacht, das Wesen der Wahrheit objektiv und neutral zu erfassen. Das Werkzeug, das man dafür benutzte, war die (philosophische) Sprache, von der man glaubte, dass sie dafür sehr gut geeignet sei. Dabei hat die Philosophie immer ein wenig auf Lyrik und Prosa herabgeschaut: eine metaphorische, unpräzise, blumige Ausdrucksweise, die mit der Wahrheit nichts zu tun hat. „Das ist ja nur Prosa", hört man selbst heute noch im allgemeinen Sprachgebrauch, wenn man etwas als bloßes „Blabla" oder als nicht richtig bezeichnen möchte. Die philosophische Sprache hingegen, so die Annahme, ist scharf und präzise und somit näher an der Wahrheit beziehungsweise ein gutes Mittel, um Wahrheit zu erkennen sowie auszumessen. Seit dem 20. Jahrhundert aber hat die Sprachphilosophie erkannt: Diese starke Unterscheidung ist nicht möglich. Sprache, so eine Erkenntnis im beginnenden 20. Jahrhundert, hat eher mit Handlung zu tun. Man spricht von Sprechhandlung. Das ist – aus heutiger Sicht – unmittelbar einsichtig. „Ich möchte dich heiraten", ist eine Intention, eine Absicht und so agieren wir den ganzen Tag. Wir befehlen, wir wünschen oder senden uns einfach nur viele Grüße. Darüber hinaus wurde deutlich, dass Sprache durchsetzt ist von Metaphern, von bildlichen Ausdrücken. Im Grunde macht die Metaphorik Sprache erst aus. Keineswegs nutzen wir Metaphern nur in Gedichten und netter Prosa.

„Meine Uhr geht nicht richtig", „Die Mieterin sitzt auf der Straße", „Sie hat ihm während der Diskussion zu viel Raum gegeben" … Haben Sie den Raum gesehen, der ihm gegeben wurde oder etwa die Mieterin, wie sie auf dem Bordstein sitzt und sich wundert? Jede natürliche Sprache ist durchsetzt von

Bildern, Narrativen und Metaphern. Jeder von uns weiß, dass
eine Uhr nicht gehen kann, niemand würde auf die Idee kommen, die Oberfläche aufzuklappen, um nachzusehen, ob darunter die tiefere Wahrheit verborgen ist. Und doch verwenden
wir diese Art von Bildern im täglichen Sprachgebrauch. Es ist
auch nicht so, dass wir bewusst darauf verzichten können und
eine reine wortwörtliche Sprache nutzen könnten. Selbst bei
vermeintlich neutralen Begriffen haben wir Bilder vor Augen.
Woran denken Sie, wenn Sie lesen: „Bei Wasser und Brot".
Haben Sie einen angenehmen Ort vor Augen, zum Beispiel die
Côte d'Azur? Vermutlich nicht. „Wasser und Brot" ist im Deutschen eher verknüpft mit Verzicht oder Abstinenz. Eher hat
man ein Kloster oder ein Gefängnis vor Augen. Ganz anders im
französischen. Bei „De l'eau et du pain" denken Franzosen vermutlich eher an einen angenehmen Ort. Gefängnis-Aufenthalt
oder Urlaub an der Côte d'Azur? Genau das erschwert beispielsweise die direkte Übersetzung eines Wortes in andere Sprachen.
Wie möchten Sie „Bei Wasser und Brot" ins Französische über-
setzen? Das ist kaum möglich. Tatsächlich wird damit auch
deutlich, dass ein objektiver Wahrheitsbegriff nicht möglich ist.

Ob wir wollen oder nicht: Beinahe jedes gesprochene oder
geschriebene Wort ruft automatisch ein Bild in unserem Geist
hervor. Das macht uns parteiisch, berührt unsere Einstellung
und Meinung. Selbst wenn wir meinen, vollkommen „neutral"
zu kommunizieren, können wir uns dem nicht entziehen. Über
unterschiedliche Standpunkte, die beim Schreiben oder Lesen
eingenommen werden, bis hin zur Interpretation und entsprechender Reaktion: Das alles ist das Ergebnis komplexer ko-
gnitiver Prozesse, die nicht nur höchst emotional sind, sondern
vor allem unterbewusst stattfinden. Potz Blitz! Ihnen geht ein
Licht auf? Kein Wunder, denn die Erkenntnis ist besonders in
der westlichen Welt seit Jahrhunderten von Lichtmetaphern geprägt. „Mehr Licht!", soll Goethe auf dem Sterbebett gesagt
haben. Die Zeit der Aufklärung nach dem „finsteren Mittel-

alter" oder auch die Redewendung „Licht ins Dunkel bringen"
sind weitere Beispiele dafür. Wahrheit wird mit Licht und „Er-
leuchtung" in Verbindung gebracht, während die Dunkelheit
das Ungewisse darstellt, eine Schattenwelt, der es zu entkommen gilt. Platons Höhlengleichnis ist das beste Beispiel für
dieses Narrativ. Man sitzt in der Dunkelheit und hat keine Ahnung, man geht ans Licht und erkennt. Im Dunkeln tappen,
der Schattenwelt entkommen, das Licht der Erkenntnis erlangen etc. ... Eine schöne Geschichte – aber eben auch nur
eine Geschichte. Denn Sprache taugt letztendlich nicht, wie
lange Zeit angenommen, als Instrument zur Wahrheitsfindung.
Der Sprache geht es nicht darum, die Wahrheit zu finden, sondern um Verständigung und darum, Handlungen anzustreben.
Dabei kann ein und dieselbe Information, je nachdem auf welche Basis sie trifft, sehr unterschiedliche Reaktionen auslösen.
So ist eine Aussage wie „Ich möchte dich heiraten" oder „Die
Immobilienwirtschaft soll transparenter werden" etwas, auf das
man sich einigen kann – oder auch nicht.

Können Journalisten also neutral und objektiv schreiben?
Nicht einmal, wenn sie wollten. Genauso wenig sind wir
neutrale Leser. Denn auch der Sprache wohnt Möglichkeit
inne. Das Einfordern von Objektivität ist eine Forderung, die
nicht erfüllbar ist. Im Grunde genommen suggeriert sie, dass
der Fordernde, also der Leser, über die Wahrheit verfügt, zumindest ist er dieser Ansicht. Man kann nur dann Wahrheit
einfordern, wenn man sie kennt. Aber eine objektive Wahrheit gibt es nicht. Das Einfordern der Wahrheit sagt eher
etwas über den Leser aus, nämlich, dass er sich im Recht fühlt.

Das bedeutet natürlich auch: Wenn Journalisten Sprache
nutzen, dann positionieren sie sich beziehungsweise senden
eine Botschaft, eine These. Dazu nutzen sie „Instrumente" wie
emotionale Begriffe, gängige Narrative. Diese mögen uns gefallen oder auch nicht. Wenn sie uns nicht gefallen, dann müssen wir eben eine andere Zeitung lesen. Der geneigte Leser wird

sicherlich etwas finden, was ihm zusagt. Neutralität oder Objektivität gibt es nicht im Journalismus. Mit ihrer Wortwahl schaffen Journalisten immer einen Rahmen. In diesem Zusammenhang spricht man auch von Framing: einem Deutungsrahmen. Auch das ist keine neue Erfindung. Die Wortwahl spielt eine entscheidende Rolle, wie Themen wahrgenommen werden, ob sie mobilisieren, Empörung hervorrufen oder einfach nur dazu führen, dass man etwas, was nicht gefällt, dann eben doch akzeptiert. So waren Begriffe wie „Wellenbrecher" während der Corona Krise gewiss kein spontaner Einfall der Politiker, die diese aussprachen, sondern das Werk ausgewiesener Kommunikationsprofis. Ein Begriff, der bereits eine Wertung impliziert und ein positiv besetztes Bild kreiert, das wirkt. Flüchtlingswelle, Erderwärmung, Steueroase – wir alle kennen weitere Beispiele dafür, welche Emotionen ein einziger Begriff auslösen kann. Während Erderwärmung noch angenehm klingt, ist ein Klimawandel schon eher Grund zur Beunruhigung, oder?

Fakt ist: Sprache ist als Instrument der Wahrheitsfindung gänzlich ungeeignet. Und wie wir bereits festgestellt haben, gibt es den wahren klar definierbaren Kern, mit dem alle Menschen zu jeder Zeit einverstanden sind, tatsächlich nicht – zumindest nicht in der Form, dass er schlichtweg vorliegt und nur gefunden werden muss.

3.2   Emotion im Qualitätsjournalismus

„BEIJING – For days, Li Bin had what felt like a cold, with a high fever of between 102 and 105, and he could not understand why he wasn't getting better. After four days, he went to a hospital, and a doctor told him he had a form of viral pneumonia, without offering specifics. Mr. Li, 42, was hospitalized, then transferred to another facility and quarantined with other patients who had similarly unexplained symptoms. Mr. Li is one of 59 people in the central city of

Wuhan who have been sickened by a pneumonia-like illness, the cause of which is unclear. The cases have alarmed Chinese officials, who are racing to unravel the mystery behind them in a region where the memory of an outbreak of the dangerous respiratory disease known as SARS remains fresh."[5]

Sie würden gern wissen, wie es weiterging mit Li Bin? Da geht es Ihnen womöglich wie den knapp sieben Millionen Online-Abonnenten der New York Times, die diesen Artikel am 5. Januar 2020 angeklickt haben könnten. Denn dies ist nicht nur der Anfang eines der ersten Artikel zur Corona-Pandemie, sondern auch Teil der Berichterstattungsreihe, die im Jahr 2021 den Pulitzer-Preis in der renommiertesten Kategorie „Public Service" erhielt. Und es ist noch etwas. Nämlich das beste Beispiel dafür, wie ein gutes Narrativ im Journalismus aufgebaut wird. Dieser Artikel ist im Grunde strukturiert wie das Drehbuch eines Films: Die ersten fünf bis zehn Minuten wird eine gewöhnliche Alltagssituation geschildert. Alles ist wie immer, allen geht es gut und dann kommt plötzlich das alles entscheidende Ereignis. „Stefan hatte ein genügsames Leben, einen guten Job, bezahlte die Miete pünktlich. Auch an diesem Morgen war alles wie immer. Er leerte den Briefkasten und stellte mit großem Erstaunen fest, dass seine Miete erhöht werden soll." Sie halten das für Boulevardjournalismus? Ein weiterer Artikel der Pulitzer-Preisträger-Reihe der New York Times beginnt wie folgt: „Dr. Camilla Rothe was about to leave for dinner when the government laboratory called with the surprising test result. Positive. It was Jan. 27. She had just discovered Germany's first case of the new coronavirus."[6]

---

[5] Sui-Lee Wee and Vivian Wang: Beijing is racing to identify a new illness that has sickened 59 people as it tries to calm a nervous public, New York Times vom 05.01.2020, https://www.pulitzer.org/winners/new-york-times-6.

[6] Matt Apuzzo, Selam Gebrekidan and David D. Kirkpatrick: How the world missed covid-19's silent spread, New York Times vom 27.06.2020, https://www.nytimes.com/2020/06/27/world/europe/coronavirus-spread-asymptomatic.html.

Betrachtet man die Gewinner des renommierten US-amerikanischen Medienpreises für herausragende journalistische Leistungen über die Jahrzehnte, so zeigt sich: Emotionen und Narrative sind seit jeher ein gängiges Stilmittel. So fand die Professorin für Journalismus und Autorin des Buches „Emotions Media and Politics", Karin Wahl-Jorgensen, in einer breit angelegten Studie heraus, dass sämtliche prämierten Artikel der vergangenen 20 Jahre durchzogen waren von Emotionen und narrativen Stilmitteln: anekdotischen Einleitungen, emotionalen Begriffen, personalisiertem Storytelling.[7]

Ist Neutralität oder vermeintliche Objektivität also ein geeignetes Kriterium für Qualitätsjournalismus? Wenn Sprache emotional ist, noch dazu durchdrungen von Metaphern und Bildern, und Journalisten Themen innerhalb ihres eigenen Kontextes und Wertesystems auswählen und aufbereiten: Wie objektiv kann Journalismus dann realistisch betrachtet sein?

Emotionen und emotionale Intelligenz nehmen einen zentralen Stellenwert in unserem gesellschaftlichen und politischen Leben ein. Menschen teilen ihre Gefühle im Kollektiv – und das zunehmend über die (sozialen) Medien. Dabei hat sich die Art, wie mit Emotionen in der Öffentlichkeit umgegangen wird, über die Zeit verändert. Das fordert auch die konventionellen Konzepte im Journalismus heraus. Auf der einen Seite steht der klassische Journalismus für eine zentrale Institution, die eine unparteiische, rationale und kritische Aufbereitung von Themen öffentlichen Interesses sicherstellen soll. Das Ziel: informieren, aufklären, bilden. Auf der anderen Seite rücken Emotionen zunehmend in den Vordergrund, was sich in einem Wandel der Berichterstattung äußert. Aus Sicht der Presse steht auf der einen Seite die Erwartung, durch emotionale Storys eine größere Leserschaft zu erlangen, auf der anderen Seite

---

[7] Karin Wahl-Jorgensen (2018): Emotions, Media and Politics, Wiley, 2019.

jedoch die Befürchtung, journalistische Ideale aufzugeben. Wieder andere Journalisten vertreten die These, dass genau diese Objektivität sogar zu Lasten der moralischen Klarheit gehe. So lässt sich im digitalen Zeitalter eine zunehmend subjektive und „bekennendere" Berichterstattung beobachten, obgleich diese Bewegung des „New Journalism" bis in die 1960er- und 1970er-Jahre zurückgeht.

Trotzdem wird Subjektivität und somit Emotion in diesem Kontext von einem Großteil der Gesellschaft als irrelevant und nicht akzeptabel angesehen. Diese „moralische Panik" basiert auf der Annahme, dass sich emotionaler, meinungsgeprägter Journalismus an unsere Empfindungen richte, obwohl Journalisten distanzierte Beobachter sein sollten. Es entsteht ein Spannungsfeld zwischen Informieren und Sympathie.[8] Denn Emotion wird als das Gegenteil von Objektivität verstanden. Auch hier lässt sich wieder die hierarchische Kategorisierung und Wertung zweier Gegenpole beobachten: Objektivität/ Neutralität vs. Emotion – informierender Journalismus vs. unterhaltender Journalismus – gut vs. schlecht.

Das heutige konventionelle Verständnis von Journalismus ist eine faktenzentrierte, objektive, emotionslose, distanzierte Berichterstattung – wirklich? Die Pulitzer-Preisträger beweisen das Gegenteil. Zwar mögen diese nicht alle repräsentativ für die typische, tägliche Berichterstattung sein, sie verdeutlichen aber ein einheitliches Prinzip: Sämtliche Artikel sind durchsetzt von Emotionen. Dies geschieht durch den Gebrauch von emotionalen Wörtern wie etwa „ängstlich", „glücklich" oder „besorgt" oder aber durch die Dramaturgie und eine Vielzahl an narrativen Strategien: anekdotischen Einleitungen, detaillierten Beschreibungen etc. So nutzten 90 % aller in Jorgensens Studie untersuchten Storys einen anekdotischen Einstieg in Form eines personalisierten Storytellings.[9]

---

[8] Vgl. Karin Wahl-Jorgensen (2018): Emotions, Media and Politics, Wiley, 2019.
[9] Ebd.

Als Leser müssen wir wohl damit leben, dass Zeitungsartikel narrativ sind. Deswegen sind sie aber nicht Prosa oder
Fake, sondern trotzdem richtig. Factsheets werden nicht gelesen. Die entscheidende Erkenntnis dabei ist jedoch: In keinem der Artikel geht es um die persönlichen Gefühle der
Journalisten, es sei denn, es handelt sich um einen Kommentar. Es sind vielmehr die Empfindungen ihrer Quellen, Gruppen, Protagonisten oder anderer Individuen, die diese spiegeln. So nutzen Journalisten die Beschreibung von
Einzelschicksalen, um einen generellen Missstand zu verdeutlichen, beispielsweise den Missstand zu hoher Mieten in
Berlin. Dieses „emotionale Outsourcing", also „evidence pro-
vided by sources", bezeichnet der Professor für Journalismus
und Buchautor Stephen Jukes sogar als eine Technik und
einen Eckpunkt objektiven Journalismus, da der Leser nicht
mit den Emotionen des Journalisten konfrontiert wird.[10] So
setzten auch viele der Pulitzer-Preisträger das Schicksal einzel-
ner Personen in den Vordergrund, um einen allgemeinen
Missstand zu verdeutlichen. Generell fiel in der Studie auf,
dass es sich bei einem Großteil dieser Emotionen um negative handelte. So kamen die Wörter „Angst" oder „bedroht"
beispielsweise verhältnismäßig oft vor. Positive Emotionen
hingegen wurden häufig benutzt, um zunächst ein normales
Setting darzustellen, das dann unterbrochen wird durch ein
einschneidendes Ereignis oder Problem. Sie erinnern sich an
Stefan und Dr. Camilla Rothe? Ein Stilmittel, das im
Journalismus seit jeher wirkungsvoll angewendet wird.

Die Systematik hat aber auch eine Kehrseite; weil Emotionen nicht nur konstruktiv, sondern auch destruktiv sein können. Besonders in der Politik hängt viel von der Mobilisie-
rung von Emotionen ab. Dabei sind es besonders die negativen
Empfindungen, die Menschen motivieren, (politisch) zu han-

---

[10] Stephen Jukes (2017): Affective journalism – uncovering the affective dimension of practice in the coverage of traumatic news, Goldsmiths, University of
London, for the degree of Doctor of Philosophy, S. 15.

deln. Das schlägt sich auch in den Medien nieder, in der sich eine allgemeine Tendenz zur negativen Berichterstattung beobachten lässt. So kam Wahl-Jorgensen in einer anderen Studie zum Thema Wut bei Protesten zu dem Ergebnis, dass es unterschiedliche Arten von Wut gibt, welche die Forscherin im Kontext der medialen Berichterstattung „Mediated Anger" nennt: Auf der einen Seite rationale, legitime Wut als Basis für Wandel, über aggressive, destruktive Wut initiiert durch rationale legitime Besorgnis bis hin zu irrationaler, illegitimer Wut. Ein Großteil der Berichterstattung (86 %) gehört der ersten Gruppe an: Die Wut als Rahmen und legitime Erklärung für die Proteste.[11] Trotzdem können negative Emotionen wie Wut, Hass und Angst niemals die Basis für konstruktive Politik bilden, weil kein Konsens erreicht werden kann.

Was bedeutet das in Hinblick auf die mediale Berichterstattung? Laut Früh und Frey ist Emotion im Journalismus nur dann angebracht, wenn „das behandelte Thema Emotionen nahelegt."[12] In ihrem Buch kommen sie zu dem Schluss, dass Emotionen bei Katastrophen, Bedrohungen oder politischen Fehlentscheidungen mit unmittelbar negativen Auswirkungen naheliegend seien. Hingegen seien die „ständige Emotionalisierungsattacken" bei alltäglichen Vorgängen nicht nur unangemessen, sondern würden auf Dauer womöglich sogar Emotionen trivialisieren und ihrer ursprünglichen Funktion entfremden.

Sollte ein Journalist nun also Stellung beziehen oder nicht? Soll er informieren, überzeugen oder unterhalten? Und schließt das eine das andere wirklich aus? Es ist in diesem Zusammenhang essenziell, das komplexe Zusammenspiel positiver und negativer Emotionen als fest integrierten

---

[11] Vgl. Karin Wahl-Jorgensen (2018): Emotions, Media and Politics, Wiley, 2019.
[12] Früh, Werner; Frey, Felix (2014): Narration und Storytelling: Theorie und empirische Befunde, Herbert von Halem Verlag, Köln, S. 116.

Teil der Kommunikation zu verstehen. „Emotion is an elephant in the room that is journalism",[13] bringt es Wahl-Jorgensen bildlich auf den Punkt. Ihrer Auffassung zufolge sind Emotionen seit jeher in den Medien präsent, blieben jedoch für lange Zeit unsichtbar und unerkannt. Gleichzeitig ist deren Rolle zu verstehen der Schlüssel für die Bedeutung der Geschichten, die wir uns selbst als Gesellschaft erzählen. Wir brauchen Emotionen, um die „objektive Welt" zu reflektieren. Medien können dabei eine Art „emotionaler Kompass" sein, der dabei hilft, uns in einer komplexen Welt zu orientieren.

3.3 Meinung und Motive: Die Perspektive der Journalisten

Mitte 2020 widmeten sich drei Volontäre der ARD einem interessanten Untersuchungsobjekt: sich selbst. Sie befragten 150 junge Journalisten, die zu dieser Zeit von den Landesrundfunkanstalten, der Deutschen Welle (DW) und dem Deutschlandradio ausgebildet wurden, nach Geburtsort, Migrationshintergrund, Bildungsabschluss und politischer Orientierung. Besonders die Ergebnisse zu letzterem lösten eine medienübergreifende Diskussion aus. Ausgangspunkt war das vermeintliche – oder offensichtliche – „Diversitätsproblem" des Journalismus in Deutschland. Die Frage: Wie beeinflusst der persönliche Hintergrund die journalistische Arbeit und sind Journalisten überhaupt in der Lage, neutral und ausgewogen über Themen zu berichten? Um Antworten darauf zu finden, wurde unter anderem die klassische Sonntagsfrage gestellt: „Wenn am Sonntag Bundestagswahl wäre, wen würden Sie wählen?"

---

[13] Karin Wahl-Jorgensen (2018): Emotions, Media and Politics, Wiley, 2019.

Mit 57,1 % für die Grünen, 23,4 % für die Linke und 11,7 % für die SPD hätten in Summe 92 % der Volontäre grün-rot-rot gewählt.[14]

Die Frage, die sich für viele daraus ergab: Kann mit dieser offensichtlichen Diskrepanz der politischen Präferenzen zwischen Redakteuren und Gebührenzahlern der Sendeauftrag überhaupt erfüllt werden? Viele Medienvertreter zweifelten das an. So schrieb beispielsweise ein Mitarbeiter der WELT: „Wenn die ARD so weitermacht, herrscht in deren Redaktionen bald eine Vielfalt wie beim chinesischen Volkskongress."[15] Andere Journalisten und Kommunikationswissenschaftler hingegen vertraten die Meinung, dass die politische Gesinnung nicht zwangsweise etwas mit der Fähigkeit, objektiv zu berichten zu tun habe. Zumindest hierin waren sich alle einig: Ausgewogenheit und Objektivität werden nach wie vor als zentrale Kriterien für Qualitätsjournalismus betrachtet.

Als Kommunikationsexperte habe ich die Möglichkeit, mich regelmäßig mit Journalisten auszutauschen. Dabei gibt es für einen Teil nach wie vor den „guten, seriösen und unparteiischen" Qualitätsjournalismus. Diese Gruppe von Journalisten betrachtet eine einseitige politische Gesinnung wie etwa die der ARD-Volontäre kritisch, da diese ihrer Meinung nach die Ausgewogenheit der Berichterstattung gefährde. Wieder andere argumentieren, dass der Grund, Journalist zu werden, nämlich „etwas zu bewegen und zu

---

[14] „Laut Quelle wurden für die Studie im April 2020 150 Volontärinnen und Volontäre der ARD und des Deutschlandradios kontaktiert. 86 nahmen an der Umfrage teil. Das ZDF und der SR hatten zu dem Zeitpunkt keine Jahrgänge. Da nicht alle Fragen verpflichtend waren, ergaben sich für die Kategorien unterschiedliche Grundgesamtheiten. Die Teilnahme lief unter Klarnamen, die Auswertung jedoch komplett anonymisiert." Quelle: Statista.de vom 13.09.2021.

[15] Rainer Haubrich: Ausgewogene Berichterstattung? 92 % der ARD-Volontäre wählen grün-rot-rot, welt.de vom 03.11.2020, https://www.welt.de/debatte/kommentare/plus219289186/Oeffentlich-Rechtliche-Ausgewogene-Berichterstattung-92-Prozent-der-ARD-Volontaere-waehlen-gruen-rot-rot.html.

verändern", mit der bloßen Wiedergabe von Fakten nicht möglich sei. Vielmehr ginge es genau darum, Partei zu ergreifen. Somit wäre Journalismus per se aktivistisch.

Das Thema ist gewiss nicht neu. Vor beinahe zehn Jahren führten Bill Keller, Chefredakteur der New York Times, und Glenn Greenwald, US-amerikanischer Journalist, Schriftsteller und journalistischer Überbringer der Offenbarungen Edward Snowdens beim Guardian, eine öffentliche Debatte zum Thema „Wie viel Aktivismus verträgt Journalismus?". Darin statuierte Greenwald sinngemäß: „Journalismus ist immer eine Art Aktivismus. Jeder journalistischen Entscheidung wohnen höchst subjektive Annahmen inne, sodass Journalismus den Interessen der einen oder anderen Fraktion dient." Kellers Antwort lautete: „In meinen Augen geht es nicht darum, dass Reporter so tun, als hätten sie keine Meinung. Sondern darum, dass Reporter sich im Rahmen der beruflichen Disziplin, mit ihren Meinungen zurückhalten und die Wirklichkeit für sich sprechen lassen."[16]

Für den Journalisten Matt Taibbi heißt Objektivität im US-Journalismus, ein Thema aus möglichst vielen Perspektiven zu betrachten, die Standpunkte zu sortieren und ohne eigene Gefühle zu berichten. Doch gerade letzteres bleibt seiner Auffassung nach höchstens eine Absichtserklärung journalistischer Fairness, was Objektivität im Journalismus zu einem „allenfalls erstrebenswerten Ziel" mache.[17] Seiner Auffassung nach waren Medien immer schon parteiisch und politisch und haben dies auch offen kommuniziert. Erst mit Beginn der Etablierung der Massenmedien begann

[16] https://www.nytimes.com/2013/10/28/opinion/a-conversation-in-lieu-of-a-column.html?smid=tw-share&_r=1&.

[17] Marc Neumann: „Aktivistischer Journalismus macht abhängig – er ist intellektuell uninteressant, aber höchst effizient", nzz.ch vom 19.04.2021, https://www.nzz.ch/feuilleton/aktivistischer-journalismus-macht-abhaengig-er-ist-intellektuell-uninteressant-aber-hoechst-effizient-ld.1611319?reduced=true.

die Forderung nach Neutralität und Objektivität. Dies jedoch nicht aus ethischen Gründen, sondern aus finanziellem Kalkül: In einem neutralen Umfeld ließ es sich besser werben. So beschreibt er in einem Interview mit der neuen Zürcher Zeitung die Geschichte des Radioreporters Lowell Thomas: Dieser wollte zur Zeit des Zweiten Weltkrieges die Nachrichten emotionaler gestalten, Kontroversen lostreten. Die Sponsoren hingegen verlangten eine sachliche und monotone Moderation, um Werbekunden eine möglichst neutrale und somit größtmögliche Plattform zu bieten. Sachlich monoton suggeriert, dass es objektiv und neutral ist, dass es stimmt und richtig ist – so wie der Beipackzettel von Ibuprofen.

Was also sind wirklich die Motive und Haltungen der Journalisten, nach denen sie handeln? Wie denken Journalisten selbst über ihre Arbeit? In Deutschland gibt es kaum Studien oder belegbare Zahlen zu diesem Thema. Das ist insofern nicht verwunderlich, da sich die Datenerhebung bei dieser extrem heterogenen Gruppe grundsätzlich schwierig gestaltet. So gibt es keine Liste sämtlicher Journalisten; der TV-Reporter tickt anders als der Journalist eines Wirtschaftsmagazins, der junge Journalist sieht Social Media vielleicht ganz anders als der ältere, der Lokalredakteur hat eine andere Sichtweise als der Auslandskorrespondent. Einzelne Ergebnisse sind somit sicherlich interessant, jedoch selten repräsentativ, da immer Gruppierungen vernachlässigt werden.

Fündig wird man mit etwas Rechercheaufwand hingegen in den USA. So wurde kürzlich eine breit angelegte und über mehrere Jahre erstellte Befragung von Journalisten veröffentlicht. Das nicht staatliche Meinungsforschungsinstitut Pew Research Center befragte 11.889 in den USA ansässige Journalisten, die ein Sample von über 160.000 Journalisten unterschiedlichster Disziplinen repräsentieren sollen. Gegenstand der Befragung waren unter anderem persönliche Erfahrungen der Journalisten, deren Rolle in der Gesellschaft, die Zukunft der Pressefreiheit sowie der Umgang mit Fake News oder auch der Einfluss von Social Media.[18] Die Studie ging von fünf Kerndisziplinen des Journalismus aus, sinngemäß: die wichtigsten Nachrichten des Tages abzudecken, diese akkurat wiederzugeben, die Regierung und andere Machthaber zu „bewachen", Minderheiten eine Stimme zu geben und Falschinformationen zu managen oder zu korrigieren. Parallel dazu wurde eine umfangreiche Befragung der Bevölkerung durchgeführt und verglichen. Das war insofern interessant, als die Einschätzungen der Journalisten zum Teil stark von denen der Bevölkerung abwichen – besonders was die Glaubwürdigkeit der Medien betrifft. So halten es laut der Studie 47 % der Journalisten für möglich, akkurat und zutreffend zu berichten, wohingegen nur 37 % der Befragten aus der Bevölkerung diese Meinung widerspiegeln. Diese Diskrepanz lässt sich auch in Bezug auf die fünf Kerndisziplinen des Journalismus beobachten: In allen Bereichen fällt das Urteil der Journalisten weit positiver aus als das der Bevölkerung. Während beispielsweise mehr als zwei Drittel der befragten Journalisten der Überzeugung sind, genau zu berichten, ist nur gut ein Drittel der Bevölkerung der gleichen Meinung. Über die Hälfte der befragten Bürger beurteilt den Umgang der Medien mit Falschinformationen als schlecht bis sehr schlecht. Tatsächlich sehen sich Journalisten mehr denn je mit Fake News konfrontiert. 71 % der Journalisten geben in der Studie an, dass erfundene Nachrichten und Informationen ein großes Problem für das Land darstellen. Ein Großteil sagt sogar, „made-up news" genutzt zu haben, ohne es gewusst zu haben.

---

[18] Jeffrey Gottfried, Amy Mitchell, Mark Jurkowitz, and Jacob Liedke: Pew Research Center, June, 2022, „Journalists Sense Turmoil in Their Industry Amid Continued Passion for Their Work", https://www.pewresearch.org/journalism/2022/06/14/journalists-sense-turmoil-in-their-industry-amid-continued-passion-for-their-work/.

Auch in Deutschland sind Fake News zu einem schwer kalkulierbaren Risiko für die meisten Medienhäuser geworden. Sie stehen unter Druck, das Vertrauen ihrer Leser nicht zu verlieren, gleichzeitig müssen sie in immer kürzeren Zyklen ständig Neues produzieren – von täglich zu stündlich oder noch schneller. Das führt unter Umständen dazu, dass Journalisten nicht genügend Zeit haben, genauer nachzurecherchieren. Auf der anderen Seite gibt es natürlich nach wie vor jene Teams, die investigativ über einen längeren Zeitraum recherchieren. Aus dieser Situation heraus entstanden neben den klassischen Medienunternehmen in den vergangenen Jahren zudem neue Modelle des Journalismus. Unter anderem der „gemeinwohlorientierte Journalismus", der sich nicht durch Abonnements oder Klicks finanziert, sondern hauptsächlich durch Spenden. Das erste „gemeinnützige Recherchezentrum" dieser Art ist wohl das 2014 gegründete „Correctiv". Als „starke dritte Kraft neben den kommerziellen und öffentlich-rechtlichen Medien" formuliert die Organisation ihre Ziele klar: „Wir recherchieren und berichten nicht nur, sondern stoßen Veränderungen für eine bessere Gesellschaft an."[19] Besonders durch die Recherchen zum CumEx-Steuerskandal und die Aufdeckung der AfD-Spendenaffäre erlangten diese Journalisten Bekanntheit. Und auch eine groß angelegte Recherche zum Immobilienmarkt in Deutschland sorgte für Aufmerksamkeit: Mit der Initiative „Wem gehört die Stadt"[20] rief die Organisation Mieter dazu auf, den Namen ihrer Vermieter, also von Wohnungs- und Hauseigentümern, auf einer virtuellen Plattform einzutragen. Im Pilotprojekt „Wem gehört Hamburg?" beteiligten sich mehr als 1000 Menschen daran, wodurch mehr als 15.000

---

[19] Correctiv, Recherchen für die Gesellschaft, https://correctiv.org/ueber-uns/.
[20] https://correctiv.org/wem-gehoert-die-stadt/.

Wohnungen konkreten Namen von privaten Eigentümern zugeordnet wurden. Das Ziel: Die Intransparenz im Wohnungsmarkt aufzudecken und über Missstände aufzuklären. So deckte die Aktion unter anderem auf, wie die Hansestadt Hamburg Grundstücke an Firmen in Steueroasen verkauft oder wie die Intransparenz des Wohnungsmarktes die Verfolgung von organisierter Kriminalität erschwert. Das Pilotprojekt wurde sogar mit dem Grimme Online Award 2019 ausgezeichnet als ein „herausragendes Beispiel, wie Journalismus im Netz und unter Nutzung digitaler Tools seiner gesellschaftlichen Aufgabe und Verantwortung gerecht werden könne."[21] Falsch wäre es aber zu suggerieren, dass es die einzige ist oder gar die letzte Instanz, bei der „die Wahrheit" aufgedeckt wird. Auch wenn Begriffe wie „Faktencheck" Objektivität suggerieren. Denn anstatt „Wem gehört die Stadt?" könnte man sinngemäß auch fragen: „Wer sind die bösen Eigentümer?". Auch hier ist die vermeintliche Neutralität oder Objektivität nicht möglich – auch wenn man es sich wünschen würde.

In der Studie wird zugleich erfragt, wie Medien mit falschen Aussagen, also Fake News, einer Person öffentlichen Interesses umgehen sollen. Gut zwei Drittel der Medienvertreter sind der Meinung, man solle auch über falsche Aussagen berichten, weil es wichtig für die Öffentlichkeit sei, darüber Bescheid zu wissen. Ein Drittel hingegen vertritt die Meinung ‚es sei besser, gar nicht erst zu berichten, um diesen Personen und Falschaussagen keinerlei Aufmerksamkeit zukommen zu lassen. Nur gut die Hälfte der befragten Journalisten findet, dass nicht immer alle Seiten eine gleichwertige Berichterstattung verdienen. Die andere Hälfte hält nach wie vor an dem Grundsatz fest, Journalisten sollten immer danach

---

[21] Grimme Online Award 2019, https://www.grimme-online-award.de/archiv/2019/preistraeger/p/d/wem-gehoert-hamburg-1.

streben, jeder Seite die gleiche Plattform zu bieten. Worin sich hingegen fast alle einig sind, ist der Umgang mit der eigenen Meinung. So stimmen acht von zehn Journalisten zu, dass die eigene Meinung keine Rolle bei der Berichterstattung spielen darf. Die Zustimmung der Bürger, dass dies auch tatsächlich der Fall ist, fällt hingegen geringer aus: Hier ist nur gut die Hälfte der Meinung, dass dies Journalisten gut gelingt.

Das bringt uns zurück zum Thema Glaubwürdigkeit. Man las beispielsweise in Artikeln zum Krieg in der Ukraine öfters den Vermerk: „Die Nachricht konnte nicht unabhängig überprüft werden". Als Leser ist man natürlich gezwungen zu glauben, was man liest – oder eben auch nicht. Aber was ist die Basis, darüber zu entscheiden? „Das erste Opfer im Krieg ist die Wahrheit", lautet ein geflügeltes Wort. So beobachtet man oft gerade in der Kriegsberichterstattung, wie Menschen wiedergeben, was in den Medien berichtet wird. Das eigentlich Interessante daran ist aber, dass sie diese Inhalte zu ihrer eigenen Meinung machen. Sie sind davon überzeugt, als ob sie selbst vor Ort gewesen wären. Oftmals handelt es sich jedoch für die Medien selbst um Mutmaßungen, die sie wiedergeben – wie im Beispiel einer iranischen Drohnenlieferung nach Russland. Zum Zeitpunkt der ersten und zahlreichen Berichterstattungen handelte es sich bei den Informationen, auf die sich Stern, Tagesspiegel und Co. bezogen, ausschließlich um Mutmaßungen des nationalen Sicherheitsberaters von US-Präsident Joe Biden, Jake Sullivan. Headlines wie „USA: Iran will Russland „hunderte" Drohnen für Krieg gegen Ukraine liefern"[22] oder „Liefert der Iran bald Drohnen nach Russland?"[23], genügen

---

[22] Die Schlagzeile wurde unter anderem auf diesen Seiten veröffentlicht: https://www.stern.de/news/usa%2D%2Diran-will-russland%2D%2Dhunderte%2D%2Ddrohnen-fuer-krieg-gegen-ukraine-liefern-32531788.html, https://www.berlinertageszeitung.de/index.php/politik/168770-usa-iran-will-russland-hunderte-drohnen-fuer-krieg-gegen-ukraine-liefern.html.

[23] Daniel Krause: Auffälliger Frachtverkehr beobachtet: Liefert der Iran bald Drohnen nach Russland?, tagesspiegel.de vom 13.07.2022, https://www.tagesspiegel.de/politik/liefert-der-iran-bald-drohnen-nach-russland-5895145.html.

dem durchschnittlichen Leser jedoch schon, um eine solche Information als gegeben hinzunehmen.

Als Kommunikationsexperte lernt man zu abstrahieren. Würde man mich also fragen: „Glauben Sie auch, dass die russische Armee Fortschritte macht?", würde ich antworten: „Davon habe ich leider keine Ahnung." Ich bin wie die meisten Menschen kein Militärexperte und habe keinen direkten Zugriff auf Informationen. Ich kann nicht beurteilen, was wahr ist. Deshalb bleibt uns nichts anderes übrig, als zunächst einmal das zu glauben, was wir lesen. Doch es gibt Unterschiede. Die simple Nachrichtenverbreitung wurde den Journalisten durch Onlineportale und Social Media zum Teil abgenommen. Werden die klassischen Medien also überflüssig? Im Gegenteil. Was bleibt, ist die Filter- und Wächterfunktion der professionellen Medien, die zukünftig eine noch wichtigere Rolle einnehmen wird. Man vertraut einem FAZ-Korrespondenten in den USA nun einmal, weil man weiß, er sitzt seit vielen Jahren in Washington, kennt die Menschen, Gepflogenheiten und Zusammenhänge. Aus diesem Grund wird es für die Medien von zunehmender Bedeutung sein, eine entsprechende Reputation und Glaubwürdigkeit aufrechtzuerhalten. Wie schwierig die „Wächterfunktion" aber ist, erkennt man an folgendem Beispiel: Die Chefvolkswirtin der Landesbank Hessen-Thüringen schreibt in ihrem Newsletter „Vertraudlich", dass die russische Wirtschaft sich im fortschreitenden Ukrainekrieg stärker halte als gedacht, weil wir Europäer die Bedeutung von Öl oder Gas unterschätzt hätten.[24] Der

---

[24] Der Kommentar ist inzwischen nicht mehr öffentlich zugänglich, zu finden ist folgende Erklärung hierzu: „In meinem jüngsten Kommentar hatte ich versucht, die Risiken und Nebenwirkungen von Sanktionen gegenüber Russland aus einer ökonomischen Sicht einzuschätzen. Unberücksichtigt blieb dabei die politisch-moralische Dimension der Sanktionen. Diese wiegt vor dem Hintergrund des Krieges in der Ukraine allerdings schwerer. Schließlich werden in der Ukraine unsere Werte und unsere Demokratie verteidigt. Eine abschließende Be-

Tenor, der teilweise auch in anderen Medien angeschlagen wurde: Der Rubel ist stark, die Wirtschaft in Russland resilienter als erwartet. Die Autorin ist eine renommierte Expertin im Bereich Wirtschaft und Finanzen. Ungefähr zeitgleich erschien eine Studie der Yale-Universität, die von einem Team renommierter Forscher mit hohem Aufwand erstellt wurde. Die Yale-Studie kam zu dem Ergebnis, dass die Situation in Russland eine Katastrophe sei und immer schlimmer werde.[25] Das wiederum wurde von allen großen Medien aufgegriffen, wohingegen die Medienresonanz auf den Blogartikel im Vergleich geringer ausfiel. Das zeigt zum einen, dass es ein schwieriges Unterfangen für den Bürger ist, sich zurechtzufinden ... zum anderen aber auch, dass die Filterfunktion durch die Medien sehr wichtig ist. Das scharfe Schwert dabei ist die belegbare Trennlinie zu Fake News.

3.4 Lesen oder Liken: Welche Rolle spielt das Medium?

Die digitalen und insbesondere die sozialen Medien nehmen zweifelsohne einen immer höheren Stellenwert in unserer Gesellschaft ein. Das Nutzerverhalten ist zunehmend geprägt von schnellen Impulsen, oberflächlichem Konsum und Unterhaltung. Für immer mehr Menschen

---

urteilung der Sanktionen ist allein auf Basis der von mir gewählten ökonomischen Aspekte nicht angemessen. Deshalb habe ich mich entschieden, den Kommentar zurückzuziehen." Quelle: Helaba.com vom 29.07.2022, https://www.helaba.de/blueprint/servlet/resource/blob/docs/592342/3cdd2a1edc31b389e02624977a90370d/vertrau-d-lich-20220727-data.pdf.

[25] Sonnenfeld, Jeffrey and Tian, Steven and Sokolowski, Franek and Wyrebkowski, Michal and Kasprowicz, Mateusz, Business Retreats and Sanctions Are Crippling the Russian Economy (July 19, 2022), https://ssrn.com/abstract=4167193 or https://doi.org/10.2139/ssrn.4167193.

werden soziale Medien zur Hauptinformationsquelle. So nutzte im Jahr 2021 über die Hälfte aller Amerikaner Facebook und Youtube als primäre Nachrichtenquellen, gefolgt von Twitter, Instagram und anderen Social-Media-Plattformen.[26] In Deutschland sieht sich rund ein Viertel der Internetnutzer im Alter von 18 bis 24 Jahren bei Instagram regelmäßig Nachrichteninhalte an, das beim Vergleich mit anderen sozialen Medien damit vorn liegt.[27] Das muss jedoch nicht zwingend schlecht sein, denn Qualitätsmedien sind auch dort vertreten. Wenn wir alle das Naturell hätten, jeden Tag nur Fachartikel mit Fußnoten zu lesen, dann hätten soziale Medien keine Chance. Sie haben sich aber durchgesetzt und das in ganz verschiedenen Formen: TikTok, Instagram, LinkedIn, Twitter – ob mehr oder weniger Bilder, kurze oder lange Texte, Videos. Es ist für jeden etwas dabei. Das ist nur menschlich, für Unterhaltung sind wir empfänglich. Die Herausforderung: Wahrscheinlich nirgendwo anders verbreiten sich Emotionen derart schnell und unkontrolliert wie in den sozialen Medien. Wir werden von Informationen auf allen Kanälen überflutet – und reagieren mit schnellen Affekten. So ist laut einer 2019 veröffentlichten Studie[28] Facebook das Medium mit dem größten Fake-News-Risiko in Deutschland. 70 % der Befragten schätzten das Risiko bei Facebook als besonders groß ein.

Davon unbeirrt nutzen auch Politiker die digitalen Medien zunehmend, kämpfen um Klicks, Likes und Herzchen. Das zeigte sich erstmals besonders eindrücklich während der Trump-Ära. Obgleich „Hate Speech" und Wutpopulis-

---

[26] Statista vom 26.04.2022, https://de.statista.com/statistik/daten/studie/499418/umfrage/soziale-netzwerke-als-nachrichtenquelle-in-den-usa/.

[27] Reuters Institute for the Study of Journalism: Digital News Report 2022, https://leibniz-hbi.de/uploads/media/Publikationen/cms/media/v9drj2w_AP58_RDNR21_Deutschland.pdf.

[28] Statista vom 12.02.2020: https://de.statista.com/statistik/daten/studie/971355/umfrage/risiko-von-falschinformationen-in-den-medien-in-deutschland/.

mus nun wirklich keine neuen Phänomene sind, stellte die Kombination mit Social Media doch eine neue Dimension in der politischen Kommunikation dar: Trumps legendäre Tweets, die wiederum weitreichende Medienberichterstattung zur Folge hatten. Erinnern Sie sich zum Beispiel an den Sturm auf das Kapitol in Washington D.C.?

Am 6. Januar sollte der amerikanische Kongress den Wahlsieg von Joe Biden als neuem Präsidenten bestätigen. Zu diesem Anlass forderte der seinerzeit noch amtierende, aber bereits abgewählte US-Präsident Donald Trump seine Unterstützer in einer Ansprache auf, mit ihm zum Kapitol zu ziehen, um den Kongress zu veranlassen, das Votum zu widerrufen. Daraufhin versammelten sich zehntausende Anhänger Trumps zu einer Protestveranstaltung, dem sogenannten „Save America March". Dabei behauptete der Präsident, seine Niederlage sei auf Wahlmanipulationen zurückzuführen, was nachweislich eine Lüge war. Doch knapp 800 Trump-Anhänger stürmten daraufhin den amerikanischen Kongress, um Senat und Repräsentantenhaus an der förmlichen Bestätigung von Joe Bidens Sieg bei der Präsidentschaftswahl zu hindern und damit Trump verfassungswidrig zur Fortsetzung seiner Präsidentschaft zu verhelfen. Bei diesem „Putschversuch" und Paradebeispiel für den sogenannten „Wutpopulismus" kamen fünf Menschen ums Leben, viele weitere wurde verletzt.[29]

Es ist aber nicht nur die Tendenz zur negativen Emotion, die kritisch zu betrachten ist. Ein Experiment von 2014, das Facebook mit mehr als 700.000 Usern ohne deren Kenntnis vornahm, zeigt, dass Emotionen, die von anderen ausgedrückt werden, eine unmittelbare Auswirkung auf unsere eigenen Emotionen haben.[30] So ist die emotionale Architektur der

---

[29] Quelle: Wikipedia, https://de.wikipedia.org/wiki/Sturm_auf_das_Kapitol_in_Washington_2021

[30] Mike Schroepfer: Research at Facebook, newsroom.fb.com vom 02.10.2014, http://newsroom.fb.com/news/2014/10/research-at-facebook/.

Plattform das direkte Ergebnis seiner kommerziellen Orientierung. Das Geschäftsmodell eines der größten Werbeunternehmen der Welt ist allgemein bekannt: Die Aktivität der User wird gefördert, um mehr Informationen über diese sammeln zu können. Das ermöglicht es, Informationen über potenzielle Kunden an Unternehmen zu verkaufen und diesen Anbietern somit, Produkte maßgeschneidert auf der Seite anzubieten. Haben auch Sie sich schon einmal gefragt, warum es auf Facebook keinen „Dislike-Button" gibt, obwohl dieser schon vielfach seitens der User eingefordert wurde? Das liegt womöglich an den Beweggründen zur Einführung des Like-Buttons. Dieser wurde im Februar 2009 ins Leben gerufen, schlichtweg um ein positives, verkaufsförderndes Umfeld zu schaffen. So wurde ab sofort sichtbar, wie viele Menschen die Posts anderer mögen und wer. Der Fokus liegt auf leichten positiven Storys. Ein positives Umfeld schafft Kauflaune. Der Wunsch der User, einen Dislike-Button einzuführen, wurde von Facebook abgelehnt mit dem Argument, dass dieser zu viel Negativität verbreiten würde. Stattdessen wurden Alternativen geschaffen, um differenziertere Emotionen ausdrücken zu können: Love, Haha, Wow, Sad und Angry, letzteres selbstverständlich nur im Sinne des Mitgefühls. Dies ist eines vieler Beispiele dafür, wie Social Media die Emotionen seiner User lenkt und diese zur kommerziellen Ware werden.

Und darin liegt der vielleicht größte Unterschied zwischen den klassischen und den sozialen Medien: nämlich die Zielsetzung. Während sich Qualitätsjournalismus gewisser Standards basierend auf dem Pressekodex und normativen Leitlinien verpflichtet, mit dem Ziel, die Öffentlichkeit zu informieren, geht es bei sozialen Medien vorrangig um Reichweite – und Geld. Was fehlt, ist die „Sensibilität für die Erfordernisse der demokratischen Meinungsbildung", so beschrieb es der frühere BR-Intendanten Ulrich Wilhelm treffend in einem Interview mit der FAZ.[31] Alle bedeutenden Medienhäuser in Deutschland haben ethische Leitlinien, an denen sie sich bei der Recherche und Aufbereitung von Inhalten orientieren, um die Rahmenbedingungen, die unabhängigen und kritischen Journalismus ermöglichen, zu sichern. Der Axel-Springer-Verlag beschreibt diese zum Beispiel wie folgt: „Die Leitlinien behandeln die Trennung zwischen Werbung und redaktionellen Inhalten sowie zwischen privaten und geschäftlichen Interessen der Redakteure, verhindern persönliche Vorteilnahme und nehmen Stellung zum Umgang mit Quellen."[32] In meiner Arbeit als PR-Berater geschah es häufiger, dass mich Journalisten von Bloomberg anriefen und sagten: „Wir haben zwei Quellen, die unabhängig voneinander den geplanten Börsengang Ihres Kunden bestätigen. Wir werden berichten. Wir möchten Ihrem Kunden aber Gelegenheit geben, dazu Stellung zu nehmen." Solche Kriterien gibt es bei Facebook oder Instagram nicht. Denn diese großen Plattformen sind nicht auf eine Nachrichtenüberprüfung, auf eine demokratische Debatte, Vielfalt und ausgeglichene Berichterstattung ausgelegt, sondern auf Gewinnmaximierung. Und das ist ihr gutes Recht. Ihr Geschäftsmodell basiert auf der Zusammenarbeit mit Werbepartnern und darauf, deren Produkte bestmöglich an die entsprechenden Zielgruppen zu vermitteln. Das gelingt am besten, je länger die Nutzer sich auf den Plattformen aufhalten und je mehr sie interagieren. Und besonders zugespitzte, emotionale Inhalte sind dabei besonders zuträglich. Diese alles entscheidende Reichweite

---

[31] Berthold Kohler: „Merkel ist analytischer, Stoiber ist impulsiver", faz.net vom 05.05.2021, https://www.faz.net/aktuell/politik/inland/merkel-kenner-ulrich-wilhelm-im-interview-ueber-kommunikation-in-der-pandemie-17325652.html.

[32] Leitlinien der journalistischen Unabhängigkeit bei Axel Springer, Stand Januar 2021, https://www.axelspringer.com/de/leitlinien-der-journalistischen-unabhaengigkeit.

erhöht sich noch, wenn sich die Nutzer in einem Umfeld von Gleichgesinnten, in einer Art „filter bubble" aufhalten.[33] Das wird verstärkt mit Hilfe sogenannter Opinion Leader, sprich ein „Mitglied einer kleineren Gruppe, das einen stärkeren persönlichen Einfluss auf die Gruppe ausübt als andere Gruppenmitglieder"[34]. Das Gabler Wirtschaftslexikon beschreibt dessen Schlüsselstellung in der Gruppe damit, dass er im Rahmen der persönlichen Kommunikation besondere Aktivitäten entfalte und durch seinen größeren Einfluss oft Auslösefunktionen für die Meinungen und Entscheidungen anderer habe. Wenn jeder gleichermaßen Sender und Empfänger sein kann, steht professioneller Journalismus der Aktivität von Amateuren somit direkt gegenüber. In den sozialen Medien sind es die Influencer und deren Erlebnisse, Ansichten oder Konsumverhalten. Sie sind es, die die Inhalte vorgeben. Mit dem Unterschied, dass letztere in den meisten Fällen keine ethischen Grundregeln zur Recherche oder Veröffentlichung von Quellen haben. Dass populäre Narrative aber zu jedem professionellen „Influencer Marketing" gehören, versteht sich von selbst. Sie sind der Grund, warum ihnen Millionen von Menschen folgen, die sich mit ihnen identifizieren, zu ihnen aufschauen. Entsprechend empfänglich ist diese Gefolgschaft für jedwede Botschaft, auch wenn Fakten und Meinungen längst nicht mehr zu unterscheiden sind. Narrative können stärker sein als die Fakten selbst. Geht es dabei um reines Entertainment, ist das eine Sache. Nutzen Influencer ihren Einfluss jedoch, um ihre politische Gesinnung oder persönliche Meinung basierend auf gefährlichem Halbwissen zu propagieren, können daraus „alter-

---

[33] Eli Pariser (2011): The filter bubble: What The Internet Is Hiding From You, Penguin Books.

[34] Prof. Dr. Manfred Kirchgeorg: Gabler Wirtschaftslexikon, https://wirtschaftslexikon.gabler.de/definition/meinungsfuehrer-38313/version-261737.

native Fakten" entstehen. Ein in der BZ erschienener Artikel über Impfskepsis bei Corona-Patienten mit Migrationshintergrund zitierte Betroffene mit Aussagen wie: „Ich hatte Angst, weil ich Fake News gesehen hatte bei Facebook und Youtube. Aber meine Kollegen sind alle geimpft und nichts ist passiert. Außerdem sagte mein Chef, ich solle mich jetzt endlich impfen lassen, ohne geht nicht mehr."[35] Zwar zweifelt kaum ein Wissenschaftler daran, dass Impfungen wirken. Trotzdem könnte es sein, dass viele in der Bevölkerung das Gegenteil denken. Das bedeutet für diejenigen, die eine seriöse Botschaft verteilen wollen, zum Beispiel, dass Impfungen sinnvoll sind, dass sie dies auch erzählen müssen. Fakten sind keine Selbstläufer. Etwas, was richtig ist, setzt sich nicht zwangsweise durch.

Natürlich gibt es auch in den Sozialen Medien nicht nur oberflächliche Unterhaltung, sondern viele interessante Informationen. Es gibt viele Influencer, die sich engagieren, aufklären, kritisch sind. Letztendlich sind die sozialen Medien nur ein weiterer Kanal zur Verbreitung von Botschaften. Einer, der sich besonders gut an das Nutzerverhalten anpasst und mehr Menschen ermöglicht, Botschaften zu verteilen und zu empfangen – sowohl Fakten als auch Fake. In enormer Geschwindigkeit, jedoch mit wenig Transparenz. So können heutzutage sogar Videos mittels künstlicher Intelligenz in einer Art und Weise bearbeitet werden, dass mit bloßem Auge nicht mehr zu erkennen ist, ob sie echt oder manipuliert sind. In einem Video von 2018 bezeichnete Barack Obama Donald Trump als „total and complete dipshit", zu Deutsch „totaler

---

[35] Doreen Beilke, Til Biermann, Birgit Bürkner, Emily Engels und Katharina Wolf: Warum viele Migranten auf Deutschlands Intensivstationen liegen, BZ vom 03.12.2021, https://www.bz-berlin.de/berlin/warum-viele-migranten-auf-deutschlands-intensivstationen-liegen.

Vollidiot", was im Internet großes Aufsehen erregte.[36] Wie sich im Nachhinein jedoch herausstellte, war es der Schauspieler und Regisseur Jordan Peele, der Software genutzt hatte, um seine Mundbewegungen und Mimik auf den Politiker zu übertragen: Deep Fake. Gefälschte Videos, in denen Personen Aussagen in den Mund gelegt werden oder sie Dinge tun, die in der Realität nie stattgefunden haben.[37] Zahlreiche andere Beispiele wie eine sprechende Mona Lisa oder ein System, welches das Wetter in Videos ändern kann, zeigen: Was man mit eigenen Augen gesehen hat, ist noch lange keine Realität. Diese Bilder und Videos verbreiten sich millionenfach, die Absender bleiben meist im Verborgenen. Was macht das mit uns, wenn es sich bei jeder veröffentlichen Aussage eines Politikers oder Experten um Fake handeln könnte? Oder umgekehrt, auf diese Weise jede Realität für Fake erklärt werden könnte? Der Wissenschaftler Aviv Ovadya bezeichnet dieses Szenario der allgegenwärtigen Desinformation als „Infocalypse".[38] In der Tat gilt es, achtsam zu sein. Es wäre aber falsch zu sagen, die Nutzer sind dem hilflos ausgeliefert. Ob Influencer, Deep Fake oder gezielte politische Botschaften über Social Media Plattformen – die meisten Konsumenten sind sich der Rolle dieser Quellen durchaus bewusst. So zeigt der „Reuters Digital News Report 2021", dass nur 16 % der Nutzer Nachrichten ver-

---

[36] Youtube 17.04.2018, https://www.Youtube.com/watch?v=cQ54GDm1eL0.

[37] Dr. Norbert Lossau: Deep Fake: Gefahren, Herausforderungen und Lösungswege, Konrad Adenauer Stiftung, https://www.kas.de/documents/252038/7995358/AA382+Deep+Fake.pdf/de479a86-ee42-2a9a-e038-e18c208b93ac?version=1.0&t=1581576967612.

[38] Charlie Warzel: Believable: The Terrifying Future Of Fake News, buzzfeednews.com vom 12.02.2018, https://www.buzzfeednews.com/article/charliewarzel/the-terrifying-future-of-fake-news.

trauen, die sich über soziale Medien verbreiten. Dabei sind gerade die jüngeren Mediennutzer mit 12 % sogar noch skeptischer.[39]

Die Tatsache ist: Neue Technologien eröffnen neue Möglichkeiten und die Gesellschaft muss lernen, damit umzugehen. Die Mechanik sozialer Medien produziert leicht Missverständnisse und Überzeichnungen. „In einem derart dynamischen Umfeld muss man klar und eindeutig kommunizieren"[40], beschreibt Ulrich es treffend im Interview mit der Frankfurter Allgemeinen Zeitung. Das ist die Rolle der klassischen Medien. Nicht zuletzt können und sollten Medien durch die Produktion eigener, authentischer Inhalte, ob Texte oder Videos, dafür sorgen, dass sie journalistisch hochwertiges und unverfälschtes Material verbreiten. Das bedeutet nicht, dass Qualitätsjournalismus nicht unterhaltsam sein darf. De facto sind Emotionen nicht nur ein Phänomen der sozialen Medien. Auch im klassischen Journalismus gibt und gab es sie schon immer. Es hat sich lediglich das Bewusstsein dafür verändert.

[39] Reuters Institute for the Study of Journalism: Digital News Report 2022, https://leibniz-hbi.de/uploads/media/Publikationen/cms/media/v9drj2w_AP58_RDNR21_Deutschland.pdf.

[40] Berthold Kohler: „Merkel ist analytischer, Stoiber ist impulsiver", faz.net vom 05.05.2021, https://www.faz.net/aktuell/politik/inland/merkel-kenner-ulrich-wilhelm-im-interview-ueber-kommunikation-in-der-pandemie-17325652.html.

4

Der schmale Grat zwischen Vielfalt und Fake

Anhänger

„Die Abenteuergeschichten zuerst, bitte. Erklärungen brauchen immer so schrecklich lange." (Lewis Carroll, Alice im Wunderland)

Vor einiger Zeit las ich ein Interview mit dem Macher einer Frauenzeitschrift. Er wurde gefragt: Was Sie schreiben, ist doch eigentlich alles nicht richtig? Seine Antwort lautete sinngemäß: Es könnte aber alles durchaus so gewesen sein. Tatsächlich ist es einfach, sich etwas auszudenken. So liest man im besagten Magazin von einer prominenten Familie und deren Kindern, die jetzt aufs Internat gehen. Da kann man sich natürlich fragen: Stürzt die Mutter jetzt in eine Depression, weil die Kinder weg sind? Wird das jetzt eine Ehekrise? Könnte sein. Es ist legitim, sich solche Fragen zu stellen, im Zweifel auch in einer Überschrift. Es ist vielleicht Quatsch, aber keine Lüge und vor allen Dingen eins: unterhaltsam.

© Der/die Autor(en), exklusiv lizenziert an Springer Fachmedien Wiesbaden GmbH, ein Teil von Springer Nature 2023
H. Friedrichs, *Die Wahrheit der Medien*,
https://doi.org/10.1007/978-3-658-40200-6_4

4.1   Qualität setzt sich durch

Die Boulevardpresse und einschlägige digitale Newsportale
spielen damit, ihr Publikum mit besonders reißerischen, oft
negativen oder sogar blutrünstigen Themen und Headlines
zu locken. Warum? Weil wir Menschen nun einmal so ge-
strickt sind, dass wir uns wie magisch angezogen fühlen von
vermeintlichen Sensationen, Klatsch, Leid und Drama.
Und ohne Zweifel gibt es Medien, die sich den mensch-
lichen Hang zum Voyeurismus zu Nutze machen. Sie bedienen sich genau dieser Narrative, die richtig sein könnten, oder auch falsch. Bedeutet eine Berichterstattung, in
der Gefühle an Bedeutung gewinnen, dass Fakten an Bedeutung verlieren?

Vieles gab es schon immer. So sind Narrative, wie wir
nun wissen, seit jeher ein gängiges Stilmittel im Journalismus. Die Vielzahl der Medien und Quellen ist allerdings
neu. Qualitätsjournalismus muss sich behaupten, vielleicht
mehr denn je. Im Gespräch mit der FAZ beschreibt der
frühere BR-Intendant Ulrich Wilhelm die Entwicklung im
Journalismus in diesem Kontext als ambivalent. Ihm zufolge bieten die klassischen Medien der Gesellschaft nach
wie vor einen „von der Mehrheit sehr stark genutzten
Dienst in der Durchdringung und Aufbereitung von Themen".[1] Er beschreibt jedoch einen anderen kritischen As-
pekt: Durch Onlineplattformen wird es zunehmend
schwieriger, zahlungswillige Abonnenten zu gewinnen und
zu halten. Neue Online-Werbeformen lösen Anzeigen als
Pfeiler des lange erfolgreichen Finanzierungsmodells für
Zeitungen ab. Die Medienberichterstattung muss folglich

---

[1] Berthold Kohler: „Merkel ist analytischer, Stoiber ist impulsiver", faz.net vom
05.05.2021,   https://www.faz.net/aktuell/politik/inland/merkel-kenner-ulrich-
wilhelm-im-interview-ueber-kommunikation-in-der-pandemie-17325652.html.

attraktiver werden, um durch häufigere Nutzung einen höheren Gewinn erzielen zu können. Denn was nützt der informationsreichste Beitrag, wenn er weder rezipiert noch verstanden wird? Ökonomisch betrachtet könnte man dies sogar als ‚Win-Win-Situation‘ bezeichnen.[2]

Es gibt also zwei Möglichkeiten: Entweder Medien lassen sich hinreißen zu immer reißerischen Headlines, plakativer Berichterstattung, effekthascherischem Boulevardjournalismus und aggressiven Online-Newsportalen. Kurz: Man schreibt, um die Reichweite zu erhöhen. Oder aber sie entscheiden sich für gut recherchierten Kontext bei interessanten Themen, die man lesen möchte. Taibbi befürchtet in diesem Zusammenhang, dass viele junge Journalisten der „neuen Schule" schlichtweg kein Interesse an umfangreichen persönlichen oder telefonische Recherchen haben. Sie suchen vielmehr online nach Links, um ihre Argumente zu stützen.[3] Doch es gibt gut recherchierten Journalismus und ein Teil der Gesellschaft ist durchaus bereit, für diesen auch zu bezahlen. Am Ende zählt die Anzahl der Abonnenten. Die gibt es nur für Artikel, die Mehrwert schaffen, Dinge, die man noch nicht wusste. Solche Artikel zielen nicht darauf ab, kurzfristig Reichweite zu schaffen. Damit wird sich Qualitätsjournalismus nachhaltig abheben und auch in Zukunft bestehen bleiben.

---

[2] Früh, Werner; Frey, Felix (2014): Narration und Storytelling: Theorie und empirische Befunde, Herbert von Halem Verlag, Köln.

[3] Marc Neumann: „Aktivistischer Journalismus macht abhängig – er ist intellektuell uninteressant, aber höchst effizient", nzz.ch vom 19.04.2021, https://www.nzz.ch/feuilleton/aktivistischer-journalismus-macht-abhaengig-er-ist-intellektuell-uninteressant-aber-hoechst-effizient-ld.1611319?reduced=true.

4.2   Woran können wir uns orientieren?

Definition

„Eine freie, nicht von der öffentlichen Gewalt gelenkte, keiner Zensur unterworfene Presse ist ein Wesenselement des freiheitlichen Staates; insbesondere ist eine freie, regelmäßig erscheinende politische Presse für die moderne Demokratie unentbehrlich. Soll der Bürger politische Entscheidungen treffen, muß er umfassend informiert sein, aber auch die Meinungen kennen und gegeneinander abwägen können, die andere sich gebildet haben. Die Presse hält diese ständige Diskussion in Gang; sie beschafft die Informationen, nimmt selbst dazu Stellung und wirkt damit als orientierende Kraft in der öffentlichen Auseinandersetzung. In ihr artikuliert sich die öffentliche Meinung; die Argumente klären sich in Rede und Gegenrede, gewinnen deutliche Konturen und erleichtern so dem Bürger Urteil und Entscheidung. In der repräsentativen Demokratie steht die Presse zugleich als ständiges Verbindungs- und Kontrollorgan zwischen dem Volk und seinen gewählten Vertretern in Parlament und Regierung."[4]

Auszug aus dem Urteil des BVerfG vom 13. August 1966

Wir fassen zusammen: Kritik an den Medien gab es schon immer. Aktuell ist es die Lügenpresse oder es sind die Mainstream-Medien, welche die Gemüter erhitzen. Im vergangenen Jahrzehnt war es womöglich Storytelling oder Infotainment. Die Leser fordern Wahrheit, Sachlichkeit,

[4] BVerfGE 20, 1966.

Neutralität. Das ist nur leider Quatsch. Denn selbst der wahrheitsliebendste Journalist wird dieses Ziel niemals vollumfänglich erreichen können. „Wo bleibt der objektive, harte Informationsjournalismus?" Um diese Frage letztendlich beantworten zu können, bedarf es einer Betrachtung auf mehreren Ebenen. Per Definition beschreibt Objektivität zwei Dimensionen: „unabhängig von einem Subjekt und seinem Bewusstsein existierend; tatsächlich" und „nicht von Gefühlen, Vorurteilen bestimmt; sachlich, unvoreingenommen, unparteiisch".[5] Beide Voraussetzungen können in der Realität nie vollständig erfüllt werden. Denn die „tatsächliche", einzige Wahrheit wird und kann es genauso wenig geben wie einen völlig unvoreingenommenen Menschen oder eine Sprache frei von Emotionen, Narrativen und Metaphern. Ein Journalist, der versucht, nicht metaphorisch oder bildlich zu schreiben, würde scheitern. Ein Journalist, der nicht emotional schreiben möchte, würde scheitern. Ebenso wie ein Leser, der sich eine „neutrale Meinung" bilden möchte. Einfach, weil es nicht möglich ist, selbst wenn er einer Sache bestmöglich „auf den Grund gehen möchte". Sie sehen, jeder von uns nutzt laufend Bilder, Sprache funktioniert nun einmal so. Dabei ist uns bewusst, dass wir Bilder nicht „im Laufen" nutzen.

Im Religionsunterricht habe ich gelernt, dass die Bibel Inhalte in Geschichten verpackt, weil wir sie sonst nicht verstehen. Es wäre jedoch falsch zu behaupten, dass Narrative nur dazu da sind, Dinge zu erklären und Aussagen unterhaltsam zu verpacken, damit sie auch der letzte begreift. Das Narrativ hat eine Botschaft, einen Wahrheitsanspruch. Narrative ermöglichen es, ein und denselben Sachverhalt aus verschiedenen Perspektiven zu beleuchten und unterschiedliche Blickwinkel zu eröffnen, wie uns das

---

[5] Duden.de, https://www.duden.de/rechtschreibung/objektiv.

eingangs beschriebene Beispiel der Talkshow mit Armin Laschet gezeigt hat. Sie können auf diese Weise Orientierung
in einer komplexen und komplizierten Welt geben, zeigen
aber auch eine entscheidende Tatsache: nämlich, dass es
keinen wahren Sachverhalt gibt. Es gibt nicht den einen
TV-Zuschauer oder Journalisten, der die Wahrheit erkennt,
während alle anderen sie falsch interpretiert haben.

Wird ein Inhalt aber in dem Moment zur Lüge, in dem gewisse Aspekte einer Thematik beleuchtet werden und andere im
Schatten bleiben? Wenn dies so wäre, dann wüssten Sie es.
Denn die Gegendarstellung ist fester Bestandteil des Presse-
gesetzes. Die FAZ produziert täglich im Schnitt wahrscheinlich
20 Seiten und hat über 800.000 Leser.[6] Viele davon sind generell motiviert, Fehler zu finden. Wie viele Gegendarstellungen
lesen Sie im Verhältnis zu dieser enormen Anzahl an Artikeln,
die jeden Tag entstehen? Ein Urteil des Bundesverfassungs-
gerichtes aus dem Jahr 2008 nimmt dazu wie folgt Stellung:
„Viele Sachverhalte lassen sich auf dem beschränkten Raum,
der für einen Pressebericht meist nur zur Verfügung steht, nicht
derart vollständig darstellen, dass unterschiedliche Eindrücke
der Leserschaft ausgeschlossen werden. Auch können die veröffentlichten Rechercheergebnisse noch nicht vollständig sein,
dürfen aber dennoch schon der Öffentlichkeit mitgeteilt werden, sodass Raum für Mutmaßungen bleibt, welche weiteren
Details mit dem Berichteten zusammenhängen."[7] Das heißt,
der Presse muss sogar das Recht vorbehalten sein, nach ihren
Kenntnisständen zu berichten, um dem Ziel der Informiertheit
der Öffentlichkeit gerecht zu werden. Das ist auch die Grund-

---

[6] Quelle: FAZ: „Alles über die Zeitung", Stand 2019, https://dynamic.faz.net/
fem/kommunikation/2020/148_220_4C_FO_K_Alles_ueber_die_Zei-
tung_20_online_RGB.pdf.

[7] „Karlsruhe stärkt Presserecht bei Gegendarstellungen", Spiegel.de vom
22.01.2008, https://www.spiegel.de/kultur/gesellschaft/medien-karlsruhe-sta-
erkt-presserecht-bei-gegendarstellungen-a-530167.html.

idee des Artikels 5 unseres Grundgesetztes, der die „öffentliche
Aufgabe der Presse" basierend auf dem Spiegel-Urteil von 1966
beschreibt: „Soll der Bürger politische Entscheidungen treffen,
muss er umfassend informiert sein, aber auch die Meinungen
kennen und gegeneinander abwägen können, die andere sich
gebildet haben. Die Presse hält diese ständige Diskussion in
Gang; sie beschafft die Informationen, nimmt selbst dazu Stellung und wirkt damit als orientierende Kraft in der öffentlichen
Auseinandersetzung".[8]

Wie kann ich als Leser oder Zuschauer also erkennen, ob
eine Geschichte richtig ist? Auch das ist wie so vieles am
Ende eine Interpretationsleistung. Je umfangreicher Sie
sich informieren, desto besser können Sie den Zusammenhang beurteilen. Das gilt leider auch umgekehrt. So führte
die Washington Post im Jahr 2014 eine Meinungsumfrage
zum damaligen „Ukraine-Konflikt" bei ihren Lesern durch:
Sollten die USA nach Russlands Militärintervention in der
Ukraine eingreifen? Interessanterweise war das Befürworten
einer militärische Handlung höher, je weniger genau die
Befragten wussten, wo sich die Ukraine geografisch befindet. Am stärksten plädierten jene für einen Militärakt,
die annahmen, die Ukraine sei in Südamerika.[9] „Mögliche
Missverständnisse oder Informationslücken können beim
Rezipienten durch die Nutzung mehrerer Quellen mini-
miert werden, sofern diese nicht alle denselben Informa-
tionsbias enthalten"[10], bringen Früh und Frey es auf den
Punkt. Nehmen wir den Artikel über AstraZeneca. Sie

---

[8] BVerfGE 20, 1966.

[9] Kyle Dropp, Joshua D. Kertzer, Thomas Zeitzoff: „The less Americans know about Ukraine's location, the more they want U.S. to intervene", washington-post.com vom 07.04.2014, https://www.washingtonpost.com/news/mon-key-cage/wp/2014/04/07/the-less-americans-know-about-ukraines-location-the-more-they-want-u-s-to-intervene/.

[10] Früh, Werner; Frey, Felix (2014): Narration und Storytelling: Theorie und empirische Befunde, Seite 113, Herbert von Halem Verlag, Köln.

müssen sich in diesem Beispiel beide Artikel durchlesen und überlegen, wie Sie dazu stehen. Quellen vergleichen, prüfen und Inhalte reflektieren. Es gilt, auf Narrative zu achten und diese als solche zu erkennen und kritisch zu hinterfragen: Ist es glaubwürdig, ist es richtig? Denn Glaubwürdigkeit und Richtigkeit sind zwei verschiedene Dinge. Narrative sind manchmal glaubwürdiger als die Wahrheit. Natürlich, wir würden zu gern auf objektive, klare Sachverhalte zurückgreifen. In der Praxis ist es jedoch nicht ohne weiteres möglich, den „wahren Kern herauszuschälen" (den es – wie wir wissen – nicht gibt, was wiederum verdeutlicht, wie unsere Sprache von Metaphern geprägt ist). Wir lesen, dass die EU sich schämt. Es wird jemand von der EU zitiert, natürlich auch von AstraZeneca. Kann man diese Geschichte so schreiben? Oder hat man doch zu viel weggelassen oder sich zu stark in eine falsche Richtung positioniert? Das ist eine Diskussion, an deren Ende eine Entscheidung steht, ob dies so machbar ist oder nicht. So gibt es gute Argumente zu sagen, der Telegraph-Artikel ist korrekt und ich folge dieser Aussage. Es gibt aber sicherlich auch gute Argumente, zu sagen, das ist mir doch zu weit hergeholt. Etwa, weil die zitierte Quelle ein Hinterbänkler ist. Aber ist es deswegen Fake? Nein. Der Telegraph bedient seine Leser – als Spiegel der britischen Gesellschaft.

Es mag hart für uns sein, aber wir müssen uns schlichtweg ein Stück weit darauf verlassen, dass es wahr ist, was in den Medien steht. Es bleibt uns nichts anderes übrig. Doch keine Sorge: Auch wenn es keine für alle Zeit allgemein gültige Wahrheit gibt, orientiert sich Qualitätsjournalismus an gewissen Kriterien bei der Auswahl von Themen und deren Aufbereitung. Tatsächlich kann und sollte man erwarten und einfordern, dass die Berichterstattung auf eine Weise erfolgt, die dem Leser ermöglicht, die zugrunde liegenden Ereignisse realitätsnah rekonstruieren zu können.[11] So liefert die FAZ nach eigenen Angaben beispielsweise „präzise Analysen, ausführliche Hintergrundgeschichten und kluge Kommentare".[12] Doch jeder Medienbeitrag basiert auf einem selektiven und interpretierenden Vorgang, denn selbst „klassische" Nachrichten verdichten ein komplexes Geschehen und heben die (vermeintlich) wesentlichen Aspekte hervor. Das liegt daran, dass auch Journalisten „nur" Menschen sind und als Teil unserer Gesellschaft eine bestimmte Haltung widerspiegeln – und in entsprechender Sprache wiedergeben.

Es wird also immer Narrative geben, die Ihnen womöglich nicht gefallen. Das trifft vor allem auf viele Unternehmen zu, deren Partei als vermeintlicher „Goliath" in Mieterbelangen nicht allzu oft ergriffen wird. Doch die Medienlandschaft ist ausgewogen. Die bedeutenden Tageszeitungen wie die Welt, FAZ oder etwa NZZ im bürgerlichen Umfeld, der auflagenstarke Spiegel im tendenziell rot-grünen Milieu, die linksliberale Süddeutsche Zeitung oder die TAZ mit eher linkem Spektrum. Jeder kann sich wiederfinden, nur vielleicht nicht immer in dem Medium, in dem er das gerne hätte. Dabei liegt es schlichtweg in der Natur des Menschen, das zu lesen, was man selbst auch glaubt, und sich jene Medien auszusuchen, welche die eigene Meinung widerspiegeln – selbst wenn die andere Seite gute Argumente hat. Wenn ein Journalist also über den bösen Investor und die gute Mieterfamilie schreibt und das übliche David-gegen Goliath-Prinzip als Narrativ nutzt, ist das völlig in Ordnung. Innerhalb dieses Narrativs jedoch

---

[11] Früh, Werner; Frey, Felix (2014): Narration und Storytelling: Theorie und empirische Befunde, Herbert von Halem Verlag, Köln.

[12] Quelle: FAZ: „Alles über die Zeitung", Stand 2019, https://dynamic.faz.net/fem/kommunikation/2020/148_220_4C_FO_K_Alles_ueber_die_Zeitung_20_online_RGB.pdf.

muss der Artikel eine gewisse Qualität aufweisen. Natürlich werden Medien sich immer bis zu einem gewissen Grad an den Interessen ihrer Leser orientieren. Ein erlebnisnahes Narrativ ist zum Beispiel die beliebte Story der Entschlackungskur. „Ich habe mein Blut entschlackt." Man braucht kein Medizinstudium absolviert zu haben, um zu wissen, es gibt keine Schlacke im Blut. Aber dieses Bild lässt sich nun einmal schön verkaufen. Und wann erscheinen diese Artikel? Genau, im Frühling. Das müssen wir so hinnehmen. Doch Sie haben die Wahl: zu differenzieren, kritisch zu sein, informiert zu bleiben. Jeder hat diese Möglichkeit. Denn eine Vielfalt an kontroversen Meinungen stellt keine Gefahr, sondern eine Bereicherung für jede Gesellschaft dar. Nicht jedoch Lügen, Hass und Verleumdungen. Deshalb ist es heute wichtiger denn je, sich einzubringen. Sei es, indem man sich bewusst für Qualitätsmedien entscheidet und auf die Informationsquellen achtet oder in Form von Leserbriefen, die der Gesellschaft eine Stimme im öffentlichen Raum geben. In den digitalen Medien ist es noch einfacher, weil jeder gleichermaßen zum Sender und Empfänger werden kann. Das ist eine weitere Besonderheit unserer Zeit, eine Chance und Gefahr zugleich.

„Eine kritische Öffentlichkeit trägt dazu bei, im öffentlichen Leben Fehler zu korrigieren oder zu vermeiden"[13], sagt Wilhelm im bereits erwähnten Interview und beschreibt, dass die Gesellschaft erst noch lernen muss, dass es nötig ist, Inhalte kritisch zu überprüfen. So gebe eine einzelne Netzdebatte nicht zwangsweise den wirklichen Stellenwert eines Themas in der Gesellschaft wieder. Er befindet sich mit dieser Aussage in guter Gesellschaft: „Viele Menschen lesen gewöhnliche Nachrichtenartikel, als ob es die blanke Wahr-

---

[13] Berthold Kohler: „Merkel ist analytischer, Stoiber ist impulsiver", faz.net vom 05.05.2021, https://www.faz.net/aktuell/politik/inland/merkel-kenner-ulrich-wilhelm-im-interview-ueber-kommunikation-in-der-pandemie-17325652.html.

heit sei, ohne zu verstehen, dass da eine Person ein Argument aufbaut. Das finde ich bedenklich", beschreibt Taibbi den Kern des Problems und gibt einen wertvollen Tipp dazu: „Man muss achtsam sein, was man in sein Hirn lässt."[14]

Der Maschinenethiker Oliver Bendel sagt in diesem Zusammenhang: „Das Schlimmste wäre, wenn die Menschen angesichts der sich abzeichnenden Entwicklungen das Interesse an der Wahrheit verlieren".[15] Doch das Gegenteil ist der Fall. So zeigt der „Reuters Digital News Report 2021" beispielsweise, dass klassische Medien wie Tageszeitungen oder öffentlich-rechtliches Fernsehen nach wie vor deutlich mehr Vertrauen als Instagram oder Facebook genießen.[16] Es gilt nur zu verstehen, was die Wahrheit ist und sein kann.

Es gibt Empirie. Es gibt Wiedererkennen, Eigenschaften und Merkmale, die Beständigkeit haben. Die Herausforderung ist, vertrauenswürdige Informationen zu finden. Dabei können wir zwischen zwei Quellen unterscheiden: Unsere Sinne, das heißt alles, was wir mit eigenen Augen sehen und mit eigenen Ohren hören – und überprüfen –, und das, was andere Menschen uns sagen. Beides liefert uns die Evidenz, die wir zur Orientierung im täglichen Leben brauchen. Wenn wir zum Arzt gehen, wissen wir womöglich nicht, ob er uns helfen kann. Wir kennen ihn nicht persönlich, aber wir können überprüfen, wie viele Herzoperationen

---

[14] Marc Neumann: „Aktivistischer Journalismus macht abhängig – er ist intellektuell uninteressant, aber höchst effizient", nzz.ch vom 19.04.2021, https://www.nzz.ch/feuilleton/aktivistischer-journalismus-macht-abhaengig-er-ist-intellektuell-uninteressant-aber-hoechst-effizient-ld.1611319?reduced=true.

[15] Dr. Norbert Lossau: Deep Fake: Gefahren, Herausforderungen und Lösungswege, Konrad Adenauer Stiftung, https://www.kas.de/documents/252038/7995358/AA382+Deep+Fake.pdf/de479a86-ee42-2a9a-e038-e18c208b93ac?version=1.0&t=1581576967612.

[16] Sascha Hölig, Uwe Hasebrink, Julia Behre (2021): Reuters Institute Digital News Report 2021, https://leibniz-hbi.de/uploads/media/Publikationen/cms/media/v9drj2w_AP58_RDNR21_Deutschland.pdf.

er beispielsweise in seinem Leben schon durchgeführt hat. Wenn wir uns ein Kunstwerk anschauen, ein Bild oder Monument und darüber diskutieren: Was soll das Werk aussagen? Sagt es überhaupt etwas aus? Im Zweifelsfall kann ich es nicht beurteilen. Es ist eine Frage von Erfahrung, Know-how und Reflexion. Ich bin kein Profi, aber ich weiß, dass es Experten mit hohem Sachverstand gibt, denen ich diesbezüglich vertrauen kann und sollte.

Das meiste, was in der Welt passiert, können wir nicht persönlich überprüfen. Wir können es nicht mit unseren eigenen Sinnen bestätigen. Aus diesem Grund ist das Interesse an den klassischen Medien nach wie vor hoch und wird es auch bleiben. Sie, die Journalisten, sind die Experten, wenn es darum geht, sich über Geschehnisse, die außerhalb unseres Umfeldes stattfinden, zu informieren. In diesem Kontext kommt dem Begriff des Narrativs eine besondere Bedeutung zu, denn er hilft, die Systematik zu verstehen, auf welche Weise Journalismus funktioniert. Dabei spielen Emotionen eine essenzielle Rolle. Negativ wie positiv. Narrative lenken das Augenmerk auf ein komplexes Thema, oft mit gesellschaftlicher und politischer Auswirkung. Die Empathie, die dadurch entsteht, ist eine wichtige Voraussetzung, um Handlungen zu schaffen. Der Einsatz von Narrativen und Emotionen im Journalismus macht es somit unter anderem möglich, Gemeinschaften zu bilden mit dem Willen, gesellschaftlichen und politischen Wandel herbeizuführen. Das führt letztendlich dazu, dass wir uns mit einer gewissen Thematik tiefer auseinandersetzen, unsere Haltung überdenken oder gar beschließen, die Initiative zu ergreifen und aktiv zu werden.

Man muss nicht alles glauben, sollte man auch nicht. Aber man kann davon ausgehen, dass die ehrliche Motivation des Großteils der Pressevertreter ist, Sachverhalte realitätsnah wiederzugeben, Stellung zu beziehen, Perspektiven aufzuzeigen. Der Schlüssel liegt darin, sich umfangreich zu informieren, zu reflektieren, die Dinge zu hinterfragen, aber auch Vertrauen zu haben. Oder wie der französische Schriftsteller André Paul Guillaume Gide gesagt haben soll: „Glaube denen, die die Wahrheit suchen, und zweifle an denen, die sie gefunden haben."[17]

[17] André Gide: Ainsi soit-il ou Les Jeux sont faits, Gallimard, 1952, S. 174. Im Original: „Croyez ceux qui cherchent la vérité, doutez de ceux qui la trouvent."

Printed in the United States
by Baker & Taylor Publisher Services